Finde dein Licht

Friederike Rath
mit Ulrike Strerath-Bolz

FINDE DEIN LICHT

Mit den Engeln zu dir selbst, zu Heilung und deinem Seelenplan

Ansata

FSC www.fsc.org
MIX
Papier aus verantwortungsvollen Quellen
FSC® C014889

Verlagsgruppe Random House FSC® N001967
Das für dieses Buch verwendete
FSC®-zertifizierte Papier *EOS*
liefert Salzer Papier, St. Pölten, Austria.

Ansata Verlag
Ansata ist ein Verlag der Verlagsgruppe Random House GmbH.

ISBN 978-3-7787-7498-4

Erste Auflage 2014

Redaktion: Dr. Juliane Molitor
Umschlaggestaltung: Guter Punkt, München
Umschlagmotiv/Buchillustration: © aos1212/shutterstock
Satz: Leingärtner, Nabburg
Druck und Bindung: Pustet, Regensburg

www.ansata-verlag.de

Inhalt

Sich Selbst Heilen

Sich Selbst Verwirklichen

Ja, ich rede mit den Engeln

Immer wieder werde ich gefragt, ob ich *wirklich* mit den Engeln rede. Ja, das tue ich. Ich bin eigentlich ständig in Kontakt mit »meinen« Engeln. Sie reden mit mir, ich rede mit ihnen, sie zeigen mir Dinge, erleichtern mir große und kleine Entscheidungen. Auf einen kurzen Nenner gebracht: Sie helfen mir, ein glückliches Leben zu führen.

Ein glückliches Leben, das ist für mich auch ein Leben, in dem ich anderen Menschen helfe, heil zu werden und für sich selbst Licht und Heilung zu finden. Ich bin davon überzeugt, dass ich genau dazu auf dieser Welt bin: um zu heilen. Erst durch den Kontakt mit den Engeln habe ich diese Berufung und Bestimmung in mir erkannt. Heute arbeite ich mit Menschen, die körperlich und seelisch heil werden wollen. Die Engel sind dabei meine wichtigsten Ratgeber und Helfer, und sie bewirken im Leben meiner Klienten kleine und große Wunder.

Ich habe die Engel von meiner frühen Kindheit an gesehen, gehört und gespürt. Für mich war ihre Existenz immer etwas ganz Selbstverständliches. Als ich älter wurde, habe ich allerdings für einige Jahre den Kontakt zu den Engeln fast vollständig verloren. In einer sehr belastenden familiären Situation wurden meine Probleme so groß, dass der Kanal zu den Engeln regelrecht zugeschüttet war. Später, als ich ungefähr siebzehn Jahre alt war, haben die Engel angefangen, den Kanal wieder freizuräumen. Wie gut, dass ich immer noch so viel Vertrauen zu ihnen hatte, denn ohne mein Vertrauen wäre der Weg nicht frei gewesen.

Und als ich neunzehn war, habe ich mit Hilfe einer Engeltherapeutin dafür gesorgt, dass der Weg auch von meiner Seite wieder frei wurde. Seitdem ist der Kontakt nie wieder abgerissen, und ich bin sehr froh darüber.

Erstaunlich viele Menschen sind auch in unserer angeblich so »rationalen« Zeit fest davon überzeugt, dass es Engel gibt und dass sie uns begleiten. Besonders eng fühlen sich viele mit ihrem Schutzengel verbunden, auch wenn er manchmal in Bildern oder Figürchen ganz schön verkitscht wird. Fast alle großen Religionen sprechen ja auch in ihren »offiziellen« Glaubensaussagen von Engeln. So viele Unterschiede es zwischen den Religionen auch geben mag, an dieser Stelle sind sie sich komischerweise vollkommen einig. Das könnte eigentlich schon für sich genommen ein Hinweis darauf sein, wie klar und eindeutig die Existenz der Engel ist: Da es wenig Erfolg versprechend war, sie den Menschen auszureden, haben die Religionen sie einfach in ihr Denksystem aufgenommen.

Aber es kommt noch besser: Auch viele Menschen, die sich um Religion gar keine großen Gedanken machen, leben wie selbstverständlich mit der Überzeugung, dass Engel sie begleiten. Diese Überzeugung ist unabhängig von Religionszugehörigkeit, Alter und Geschlecht. Und das Schöne ist: Sie ist vollkommen richtig. Die alte Vorstellung vom Schutzengel im weißen Kleid und mit Flügeln auf dem Rücken ist natürlich nur ein Bild, aber es ist ein gutes, tröstliches Bild, das vielen Menschen das Leben auf dieser Erde ein bisschen leichter, heller und schöner macht. Wenn dein Bild von den Engeln so aussieht, lass es dir auf keinen Fall ausreden.

Tatsächlich hat jeder Mensch mindestens einen Engel an seiner Seite. Und wer seine innere Wahrnehmungsfähigkeit schult, dem fällt es immer leichter, den oder die Engel wahrzunehmen. Ob du sie nur als leise »innere Stimme« hörst oder ob du sie leibhaftig vor dir siehst und womöglich ganz und gar mit ihnen eins wirst, ist dabei relativ unwichtig. Wichtig ist, *dass* du sie wahrnimmst, damit du dir von ihnen durchs Leben helfen lassen kannst. Das kann jedem Menschen gelingen, der es ernsthaft will und sich auf den Weg macht.

Seit Jahren begleite ich Menschen auf diesem Weg, und ich erlebe dabei immer wieder, wie sie aufwachen und hineinfinden in ein glücklicheres Leben. Dabei geschieht ganzheitliche Heilung. Und damit ist nicht nur die Auflösung alter, schädlicher Lebensmuster gemeint, die zu psychischen Problemen, Traurigkeit, Beziehungslosigkeit, Einsamkeit, Depression und Burn-out führen – um nur einige Plagen der heutigen Zeit zu nennen. Es meint tatsächlich auch die Heilung körperlicher Krankheiten. Aus eigener Erfahrung und aus der heilenden Begleitung vieler Menschen wage ich zu sagen: Es gibt keine Krankheit, die mit Hilfe der Engel und ihrer guten Kraft nicht geheilt werden könnte.

Doch so weit müssen wir gar nicht gehen: Auf jeden Fall können Menschen mit Hilfe der Engel und ihrer unbegrenzten positiven Energie aus dem Chaos eines unbewussten Daseins herausfinden und durchstarten in ein freies, bewusstes Leben. Die drei Schritte dazu sind

- Selbstfindung
- Selbstheilung
- Selbstverwirklichung

Darum soll es in diesem Buch gehen. Ich will dich mitnehmen auf diesem Weg, dir die geistige Straßenkarte dafür in die Hand geben und dir zeigen, wie du, begleitet von deinen eigenen Engeln, ganz selbstständig weitergehen kannst. Und das Ziel dieses Weges ist ein Ort im Licht. Der Ort deiner tiefsten Sehnsucht.

Dazu werde ich dir jede Menge Geschichten erzählen. Geschichten von mir selbst, von meinem eigenen Weg, auch von schmerzlichen Erfahrungen und Umwegen, die mir ebenso wenig erspart geblieben sind wie allen anderen Menschen. Aber auch Geschichten von meinen Klienten, die mit den Engeln immer wieder wunderbare Erfahrungen gemacht haben.

Und ich werde dir, das weiß ich jetzt schon, mit einem Satz auf die Nerven gehen. Der Satz lautet: Es ist ganz einfach. Ernsthaft, lass dir bitte nicht einreden, Dinge müssten schwierig sein. Lass dir von niemandem erzählen, du müsstest unheimlich schwer arbeiten, um dir ein gutes Leben zu »verdienen«. Es ist nicht so.

Ich werde dir die URZL-Methode (Ursachen rausziehen lassen) vorstellen. Sie soll dir helfen, genau solche übernommenen Trauma-Auswirkungen loszulassen. Sätze wie: »Alles muss schwer sein«, »Ich muss es mir hart verdienen« und so weiter kannst du dir genauso von deinen Engeln rausziehen lassen wie alles andere. Denn auch kurze Wege können zum Ziel führen.

Wenn du dir von den Engeln helfen lässt, kommst du in eine große Leichtigkeit hinein, und die ganze Anstrengung, die dir das Leben sauer macht, fällt von dir ab. Diese Leichtigkeit ist das wahre Sein, ohne Schatten. Schon dieses leichte Sein ist ein gutes Gefühl – ein ganz neues Leben.

Finde dein Licht mit Hilfe der Engel, in Leichtigkeit und Selbstverständlichkeit. Das wünsche ich dir von ganzem Herzen, und ich bin sicher, es wird dir gelingen.

Sich Selbst Finden

Aufwachen und einen neuen Anfang machen

Eines Tages, als ich siebzehn Jahre alt war, schenkte mir ein Freund das Buch *Ein neuer Anfang* von Esther und Jerry Hicks. Ich parkte es erst einmal liebevoll zwischen den anderen Büchern in meinem Regal, aber eines Abends zog ich es dann doch heraus, um vor dem Einschlafen noch ein wenig darin zu lesen. Bevor ich richtig zu lesen begann, schaute ich es mir von allen Seiten an. Der Umschlag und vor allem der Titel sprachen mich sehr an. »Ein neuer Anfang, ja, den hätte ich auch gern«, sagte ich leise, aber doch aus vollem Herzen. Und dann schlug ich es auf, gespannt, was es mir sagen würde. Dreizehn Seiten schaffte ich, dann hatten mich die beruhigenden inneren Stimmen der Autoren schon fast in den Schlaf gesungen. So wunderbar das Wissen in diesem Buch auch sein mochte, meine Müdigkeit war stärker. Ich legte das Buch auf mein Nachtkästchen, löschte das Licht. Und während ich mich im Dunkeln in meine Decke kuschelte, sagte ich es noch einmal, diesmal tief in meinem Inneren und doch ganz laut und deutlich: »Ich wünsche mir einen neuen Anfang.«

Im Einschlafen wurde mir klar: Ich hatte keine Ahnung, wie dieser neue Anfang aussehen würde. Ich wusste nur, ich wünschte ihn mir von ganzem Herzen, und er würde gut sein, für mich und für alle Menschen, denen ich in meinem Leben noch begegnen würde. Ich würde das Alte hinter mir lassen.

Und dann schlief ich ein.

Nicht lange danach erwachte ich mit einem Ruck, noch ganz in meinem Traum. Erschrocken stellte ich fest, dass ich mich mitten im Universum befand, weit weg von der Erde, die ich klein wie eine Walnuss irgendwo rechts unter mir schweben sah. Um mich herum glitzerten Myriaden von Sternen. Als ich mich staunend umdrehte, sah ich, dass sich unter meinen Füßen die Sterne zu einer Milchstraße geformt hatten, auf der ich stand. Alles leuchtete weiß und funkelte um mich herum, und irgendwo von oben her schossen riesige weiße und violette Lichtstrahlen auf mich zu. Ich war vollkommen überwältigt von diesem Anblick.

Und als ich gerade dachte, seltsamer könnte dieser luzide Traum nicht mehr werden, erschien eine menschliche Gestalt vor mir. Beinahe hätte ich laut aufgelacht, denn ich erkannte die Gestalt als … meine Großmutter. Verdattert sah ich sie an, als ich ganz plötzlich fühlte, dass hier etwas Großes, wirklich Außergewöhnliches geschah: Ich konnte ihre gesamte Seele spüren, und ihre Präsenz war von tiefster Liebe und Größe geprägt. Als sie zu mir sprach, hörte ich Worte voller Liebe: Sie erklärte mir, wie wundervoll ich sei und warum gerade wir beide zusammen in einer Familie auf der Erde lebten. Eine lichtvoll gesprochene tiefe Wahrheit nach der anderen vibrierte durch mich hindurch. (Übrigens leuchtet sie immer noch auf Erden: Ich bin sehr froh, dass meine Großmutter noch bei mir ist.)

Doch genau in diesem Moment wurde es mir einfach zu viel. Ich drehte mich von ihr weg und rutschte über einen weißen Lichtstrahl blitzschnell in Richtung Erde. Im selben Moment spürte ich meine Bettdecke wieder. Enttäuscht und erleichtert zugleich begriff ich, dass ich zurückgekehrt war in mein irdisches Dasein. Der seltsame, aufregende Traum war vorbei.

Als ich jedoch die Augen öffnete, wurde mir klar, dass es doch noch nicht vorbei war. Denn nun war es sozusagen umgekehrt: Ich konnte von meinem Bett aus mitten ins Universum schauen. Das war jetzt wirklich zu viel für mich, ja, es war purer Stress. Ich war zum zweiten Mal vollkommen geflasht – vor allem, weil meine Zimmerdecke verschwunden war – und bat innerlich, es solle aufhören. Langsam schloss sich die Zimmerdecke wieder. Der weiße Lichtstrahl, auf dem ich in mein Bett gerutscht war, verschwand ganz zuletzt.

Mein Puls raste. Ich tastete nach dem Lichtschalter, knipste meine Nachttischlampe an und legte die andere Hand auf mein Herz, um es wenigstens ein bisschen zu beruhigen. Als ich mich zurücklehnte, konnte ich im Spiegel meines Kleiderschranks mein Gesicht erkennen, und obwohl der Spiegel fünf Meter von mir entfernt war, sah ich meine Augen, als stände ich direkt davor. Was ich dort erblickte, erschreckte mich fast noch mehr als die beiden anderen Erlebnisse: In meinen Augen konnte ich das ganze Universum sehen. Schnell schloss ich die Augen und hoffte, das Bild würde verschwinden und nicht wiederkommen.

Doch das Bild verschwand nicht, es veränderte sich nur. Als ich die Augen wieder öffnete, sah ich, dass ich riesige schwarze Pupillen hatte. Und jetzt war in diesen Pupillen nicht mehr das Universum zu sehen, sondern es war so, als würde mich durch meine eigenen Augen hindurch ein ungeheuer liebevolles Wesen freundlich anblicken. Ein Wesen, das aus reinstem Licht bestand.

Mir lief ein Schauer über den Rücken, als mir klar wurde, dass ich mir soeben selbst in die Seele geschaut hatte. Und so großartig das Gefühl auch war, mein Herz raste immer noch so sehr, dass mich leichte Panik ergriff. Was passierte hier mit mir?

Ich stolperte aus meinem Zimmer auf den Flur und begegnete dort meinem Vater. Es war, als hätte er nachts um drei eine Eingebung gehabt, die ihm sagte, er solle doch mal bitte nachschauen, ob mit mir alles in Ordnung sei.

»Papa, du darfst nicht denken, dass ich verrückt bin, aber …« Und ich erzählte ihm, was mir in den letzten Minuten (oder waren es Stunden gewesen? Mein Zeitgefühl war mir inzwischen völlig abhanden gekommen) passiert war. Ich war wirklich sehr froh, dass er mich nicht für verrückt erklärte, sondern nur sagte, er habe schon seit meiner Geburt gewusst, dass ich etwas Besonderes sei. Doch auch nach dieser Begegnung und diesem kurzen Gespräch brauchte ich noch Stunden, um mich wieder zu beruhigen. Erst morgens um sechs schlief ich wieder ein, inzwischen ziemlich erschöpft.

So hat es angefangen mit meinem »neuen Anfang«. Du wirst es vielleicht ähnlich erleben oder auch ganz anders, vielleicht viel stiller, vielleicht laut und dramatisch, sozusagen mit Donner und Blitz – aber der Wunsch, etwas neu beginnen zu wollen, liegt in jedem Menschen. Wir alle haben den Drang, sei es bewusst oder unbewusst, einen neuen Anfang zu wagen. Vielleicht fürchten wir uns vor Veränderung, aber jede Veränderung ist wie das Wachsen einer Pflanze, die danach strebt, in ihrem pflanzlichen Körper zur vollkommenen Größe und Schönheit heranzuwachsen und zu entfalten und sich ganz und gar mit der Sonne, dem Wasser und der Luft zu verbinden. Diesen natürlichen Drang, unsere wahre Größe zu erlangen, können wir mit unserem freien Willen zulassen oder unterdrücken, solange wir auf dieser Erde leben. Eine Unterdrückung des Wachstums, zum Beispiel durch die Auswirkungen traumatischer Erfahrungen, sorgt allerdings langfristig für Unklarheit und macht dann krank.

Wachstum geschieht immer nur freiwillig. Wir verändern Details oder ganze Bereiche unseres Lebens, um am Ende in jedem einzelnen Detail Vollkommenheit heranreifen zu lassen.

Ob sich dieses geistige Wachsen im Privatleben, im beruflichen Umfeld oder in der Heilung unserer Vergangenheit vollzieht, ist dabei vollkommen unerheblich.

Einen neuen Anfang zu wagen, Veränderung zuzulassen, das ist in jedem Fall ein wichtiger Teil unseres Erdenspieles. Und juhu, den Engeln sei Dank, wir haben ja unter anderem unsere unsichtbaren Berater auf Erden dabei, die uns helfen, diese Schritte zu wagen und so die Angst vor der Veränderung in Liebe und Leichtigkeit zu heilen. Wir haben die Möglichkeit, die Ursachen, die zu unserem heutigen Chaos-Zustand geführt haben, von den Engeln rausziehen zu lassen.

Und jeder Mensch, jedes Tier ist in seiner geistigen Welt genau so weit entwickelt, wie er oder es gerade ist. Jeder Zustand ist gleich gut. Es geht nicht um irgendeinen künstlichen Fortschritt und schon gar nicht um Wettstreit. Es geht nicht darum, wer weiter gekommen ist, wer bewusster ist, wer nicht mehr so viel einzusehen hat, wer erfolgreich ist auf dem Weg seiner inneren Heilung oder was auch immer da für krause Vorstellungen bei vielen Menschen unterschwellig vorhanden sein mögen. Wobei ich gar nicht oft genug betonen kann, dass niemand etwas für seine »krausen« Denkweisen kann, denn diese resultieren aus erlebten Erfahrungen und Verletzungen, also kurz gesagt: aus dem Ego, dem traumatisiertem Verstand.

Es geht darum, dass wir in bestimmten Bereichen wachsen *wollten,* als wir unsere Seelenpläne schmiedeten. Und das hat schon angefangen, bevor wir uns auf den Weg auf diese Erde machten. Wir haben einen Plan für unser Leben, der in unserem Herzen abgespeichert ist.

Mit diesem Plan sind wir auf die Erde gekommen, und unsere ganze Seele ist darauf angelegt, genau diesen Plan zu erfüllen.

Wenn wir nun aber unser Wachstum, unsere Veränderung, unseren neuen Anfang und unser Lernen selbst bremsen, unterdrücken und verdrängen, wenn wir es von anderen Menschen schlechtreden oder gar von einem ganzen staatlichen System blockieren lassen, dann werden sich irgendwann ganz automatisch die Folgen zeigen. Wir werden geistig und seelisch unklar, dann werden wir geistig und seelisch krank und schließlich – der letzte, dramatischste Spiegel, ein echtes Warnzeichen, das uns aufrütteln soll – körperlich krank. Schon bei kleinen akuten Krankheiten oder psychischen Downs sollten wir uns sofort Zeit nehmen, ehrlich uns selbst gegenüber sein und hinschauen, um die Ursache(n) zu erkennen. Sonst wirft die Ursache immer mehr Auswirkung ab, und wir verlieren noch mehr den Kontakt zu unserem Herzen und unserem lichten Ursprung.

Ob die Beseitigung der Ursache durch meine Methode der Selbstheilung mit den Engeln oder mit irgendeiner anderen Methode ohne die Engel stattfindet, spielt eigentlich keine Rolle. Hauptsache, du gehst es an und sorgst dafür, dass sich nichts in deinem Körper und deiner Seele festsetzen kann.

Der Wunsch nach einem neuen Anfang kommt also ganz tief aus unserem tiefsten Inneren. Wir haben diesen Wunsch schon mit auf die Erde gebracht, und wenn wir uns unsere geistige, seelische und körperliche Gesundheit erhalten wollen, dann können wir gar nicht anders, als uns selbst diesen Wunsch nach Veränderung und Wachstum zu erfüllen.

Wenn wir das Schritt für Schritt tun, wenn wir ein Thema nach dem anderen innerlich heilen und damit wieder in seine Größe, in seinen ursprünglichen Zustand bringen, wie es unserem inneren Plan entspricht, dann wirkt sich diese innere Vollkommenheit auch in unserem Äußeren aus. Der neue Anfang wird sichtbar, hörbar, spürbar und manifestiert sich in unserem Denken, Fühlen und Tun. Durch ein neues Stückchen Bewusstheit, die wir in Form von neuen Denkweisen und dann auch in unserem Handeln erstrahlen lassen, wird ein neuer Anfang geboren.

Dieses neue, noch ziemlich abstrakte Engel-Wissen, diese Methode, nun in die Praxis umzusetzen fällt manchen Menschen sehr schwer. Erinnere dich einfach an die zwei Denkweisen, die ich bereits erwähnt habe: »Alles muss schwer sein«, »Ich muss mir alles hart verdienen«. Dies sind die beiden großen grundlegenden Blockaden, die man sich von den Engeln gleich mal mit der hier in diesem Buch gelehrten Methode aus dem Kopf ziehen lassen darf. Sobald du das getan hast, ist es einfach und nicht mehr schwer, da es keine Resonanz mehr auf diese zwei Sätze in dir gibt. Mit diesem Detail bringst du dich selbst auf deinem Heilungsweg voran und machst ihn in jeder Hinsicht vollkommener.

Es gibt also einen Weg, den man innerlich gehen kann, und während man ihn geht, nähert man sich Schritt für Schritt dem ersehnten Ziel. Die Engel haben mir diese Schritte zunächst einmal als Stichpunkte durchgegeben. Es war ihnen wichtig, uns zu Beginn diesen Überblick zu geben, bevor wir uns dann mit diesem Buch gemeinsam auf den Weg machen. Hier kommt also der Überblick, die innere Landkarte, mit der sich jeder Mensch daranmachen kann, sich einen neuen Anfang zu »backen« und sich dann voller Zuversicht auf seinen Weg der Selbstfindung, Selbstheilung und Selbstverwirklichung zu begeben.

Wie »backe« ich mir einen neuen Anfang?

Zunächst für mich selbst, dann auch für meine Klienten und alle, die sich selbst auf den Weg der Heilung machen wollen, habe ich gemeinsam mit den Engeln eine Analyse- und Heilmethode entworfen. Sie geht vom Ist-Zustand aus, beschäftigt sich dann mit der Ursache oder den Ursachen, die zum heutigen Ist-Zustand geführt hat bzw. haben, und zeigt den Weg zur Lösung, die darin besteht, dass man sich die Ursache von den Engeln aus dem Kopf und aus dem Körper ziehen lässt. Die Engel-Analyse ist ganz einfach. Sie zeigt dir, wo du innerlich stehst oder feststeckst. Dann zeigt sie dir, wie du da hineingeraten bist, und schließlich, wie du ganz einfach wieder aus deinem Sumpf herauskommst.

Ausgangspunkt: der Ist-Zustand

Beginnen wir mit dem Ist-Zustand. Fühl hinein in die Stichpunkte, die die Methode der Engel dir vorgibt. Wo hast du das Gefühl, etwas zu sehen oder zu fühlen, was dir noch im Wege steht? Sei dabei ganz ehrlich zu dir selbst. Der Begriff der Selbstehrlichkeit mag dir im ersten Moment noch ein wenig fremd vorkommen, aber er spielt in diesem Prozess und in diesem Buch überhaupt eine große Rolle. Schau dir also mit großer Selbstehrlichkeit an, was dir schon klar ist und wo du noch hinschauen, etwas erkennen, oder rausziehen lassen darfst. Erst wenn du dir über deinen derzeitigen Standpunkt klar geworden bist (es können auch mehrere Standpunkte sein, die dich gerade im Jetzt belasten), kannst du Schritt für Schritt weitergehen. Mach einen kurzen Selbstehrlichkeitscheck: Was könnte dich momentan oder schon länger belasten?

Die Engel-Methode: URZL (Ursachen rausziehen lassen – mit deinen Engeln)

URZL? Als ich den Namen der Methode zum ersten Mal hörte, musste ich selber lachen. Ich fragte die Engel damals, wie ich die Methode, die sie mir vorschlugen, nennen sollte. Und sie antworteten mir: »Na, die

URZL-Methode!« Ich verstand sie erst einmal eine halbe Minute nicht und dachte: Was wollt ihr immer mit »URZL mit deinen Engeln«? Bis ich irgendwann laut auflachte, weil ich begriff: Sie hatten »Ursachen rausziehen lassen mit deinen Engeln« abgekürzt. Das Tool bzw. diese Methode kannst du bei allem anwenden. Ob Angst, schädliche Verhaltensmuster, negative Glaubens- oder Denkmuster, Blockaden, akuten Schockzustand, nicht stimmige, negative Gefühle. Tatsächlich funktioniert diese Methode mit Hilfe der Engel bei allem, was dich gerade belastet.

Hast du mittlerweile schon etwas gefunden, was dich belastet, was gelöst werden will? Dann probier es am besten gleich mal aus.

Was die Heilung körperlicher Erkrankungen angeht, so gibt es in der Mitte des Buches noch eine detailliertere Beschreibung, die dir das Vorgehen erleichtern soll. Aber als Übung für den Anfang würde ich dir vorschlagen, mit etwas Leichterem anzufangen, nicht gleich mit einer körperlichen Krankheit. Es wäre nämlich eventuell noch zu anstrengend für dich, gleich einen so großen Haufen mit deinem neuen Werkzeug zu beseitigen.

Schritt 1: Der Ist-Zustand (das Jetzt)

Beginne mit dem Ist-Zustand. Was fühlst du? Behindert dich ein Flashback in Form eines Gefühls, eines Gedankens, einer Angst, eines Musters, einer Blockade oder gar einer körperlichen Krankheit, wenn du versuchst, im Moment ganz und gar »unbelastet« zu sein?

Schreib es auf! Das Aufschreiben ist wichtig: Gedanken sind flüchtig, und du brauchst große Klarheit für deinen Weg. Deshalb solltest du auf schriftliche Notizen zurückgreifen können. Du darfst ruhig Stichworte aufschreiben, und es muss auch nicht in perfektem Deutsch geschehen – es sieht ja niemand außer dir und deinen Engeln. Wenn du willst, kannst du die Aufzeichnungen am Ende verbrennen, damit sie garantiert niemand findet und auch als kleines Ritual und Zeichen, dass der Prozess jetzt abgeschlossen ist. Wenn du willst, kannst du dir das Musterblatt auf der nächsten Seite rauskopieren und als Vorlage verwenden. Oder du schreibst dir die entsprechenden Punkte einfach selbst auf ein Blatt.

Name: ____________________________

Datum: ____________________________

Negative Gefühle: ____________________________

Angst: ____________________________

Glaubenssätze: ____________________________

Denkmuster: ____________________________

Verhaltensmuster: ____________________________

Blockaden: ____________________________

Körperliche Beschwerden: ____________________________

Wenn du dir deinen Ist-Zustand gründlich angeschaut und die wichtigsten Punkte auf dem Blatt notiert hast, suchst du dir einen Punkt auf deiner Liste aus, der dich besonders anspricht. Um diesen Punkt wird es im nächsten Schritt gehen, wenn du die Ursache des Zustands betrachtest.

Schritt 2: Ursache im heutigen Leben

Zunächst ein Tipp: Beschränke dich bitte immer auf einen Punkt auf der Liste. Wenn du gleich mehrere Punkte auf einmal betrachtest, kommst du durcheinander.

Nun stell dir selbst ein paar einfache Fragen:

- Hast du eine ähnliche Situation wie im Ist-Zustand schon einmal erlebt? Hast du ähnliche negative Gefühle empfunden, eine ähnliche Angst erlebt, ähnliche Glaubensmuster mitbekommen, Denkmuster abbekommen, Verhaltensmuster, Blockaden erlebt?
- Bei welchen Gelegenheiten hast du eine solche Situation schon einmal erlebt? War es im Umgang mit deinen Eltern, mit Lehrern, mit Freunden oder in Beziehungen? Wie lange ist das her?
- Was für Erinnerungen kommen dir, wenn du an die entsprechende Situation oder wiederholte Situationen denkst? Wie haben sich die Personen um dich herum verhalten?

Schau und fühl in dich hinein. Wenn du ein Bild vor deinen inneren Augen hast oder wenn dir gleich mehrere Erinnerungen in deutlichen Bildern kommen, hast du schon einen ganz guten Einblick in die Ursache, die Trauma-Situation(en). Nachdem du nun die Situation kennst (es können auch mehrere sein, oder die Situation kann sich mehrfach wiederholt haben), frage dich, ob du noch mehr über diese Ursache wissen möchtest bzw. ob du noch mehr von der damaligen Trauma-Situation sehen willst. Es kann nämlich auch sein, dass es dir schon reicht und dass du die Ursache(n), die alten Traumata einfach nur noch loswerden möchtest. Beides ist vollkommen in Ordnung und von Mensch zu Mensch sehr verschieden. Manche Menschen wollen sich lieber nicht zu intensiv mit ihren »Altlasten« beschäftigen. Für andere ist es sehr wichtig, ganz genau Bescheid zu wissen, was denn da eigentlich mit ihnen passiert ist. Sei hier sehr ehrlich dir selbst gegenüber, sonst können die Engel dir die Ursache nicht rausziehen, da du innerlich noch dabei bist, dir die Ursache(n) anzuschauen, und den Schritt in Richtung Rausziehen der Ursache noch gar nicht wirklich vollzogen hast. Wenn du also mehr wissen willst, dann schau einfach nochmals in die damalige Situation hinein und lass dir Zeit. Die Engel tun nichts, was du nicht willst. Du entscheidest, wann für dich der richtige Zeitpunkt gekommen ist, um einen Schritt weiterzugehen.

Schritt 3: Die Lösung

Wenn du so weit bist, bittest du die Engel deines Vertrauens, dir die erkannte Ursache rauszuziehen. Frage dich davor noch: Wo in meinem Körper fühle ich die Schockenergie? Spüre genau hin: Wo sitzt dieses negative

Gefühl, diese Angst, dieses Glaubensmuster, dieses Denk- oder Verhaltensmuster, diese Blockade, wo sitzen diese körperlichen Beschwerden?

Wenn du es nicht fühlen kannst, ist das nicht schlimm, der Heilungsweg kann trotzdem weitergehen. Allerdings ist dein Körper dann schon ganz schön weit im Schockzustand. Ob du es fühlst oder nicht – als Nächstes fragst du die Engel, wie oft du langsam tief ein- und ausatmen sollst. Sie werden dir eine Zahl nennen. Du atmest ausschließlich durch die Nase ein und aus, tief und ruhig, während sie die Ursache rausziehen.

Und das war's. Fertig. Ja, ehrlich, das ist schon alles. Wenn du willst, kannst du dich dem nächsten Punkt auf deiner Liste zuwenden. Aber bevor du das tust, machst du bitte erst einen kurzen Check.

Schritt 4: Nachkontrolle

- Es fühlt sich minimal leichter, besser an. In deinem Körper fühlst du dich friedlich, ruhig, ungetriggert, einfach anders. → Super, alles gut.
- Oder es kommt ein Zweifel. → Super, dann kann gleich der nächste Punkt analysiert werden. Schau dir in diesem Zusammenhang den Zweifel ganz genau an. Ab in die Ursachen-Forschungs-Abteilung damit.

Es kann immer wieder passieren und ist, so sagen die Engel, auch ganz normal, dass mehrere gespeicherte Situationen nebeneinanderliegen. Wenn jetzt die erste Situation rausgezogen worden ist, verändert sich das Gleichgewicht im Körper, und die Schockenergie-Nachbarn daneben wollen auch gerne rausgezogen werden. So entstehen wundervolle Kettenreaktionen, und die Energiepotenziale in deinem Körper dürfen endlich aufhören, immer wieder die blöden Trauma-Situationen usw. in deinem Körper nachzuspielen. Stattdessen dürfen sie endlich wieder nach Hause ins Licht marschieren. Sie sind befreit, dank der Engel und dir.

Für die Geübten

Wenn du diese Methode ein paarmal angewandt hast und schon ein bisschen Übung darin hast, kannst du den Vorgang abkürzen. Du musst jetzt vermutlich nichts mehr aufschreiben, sondern kannst dich einfach fragen: Wo befinde ich mich gerade? Was ist die Ursache dafür? Will ich mir das genauer anschauen? Und dann sofort die Engel bitten, es mitsamt der Ursache rauszuziehen.

Der ganze Prozess sieht dann etwa so aus:
Ist-Zustand: In welcher Situation befinde ich mich gerade? Gefühl, Gedanke, Angst, Muster, Blockade oder körperliche Krankheit? Definiere deinen Zustand so kurz und präzise wie möglich.
Ursache: Will ich die Ursache überhaupt noch wissen oder ist es stimmig, gleich den Mist von damals herausziehen zu lassen und die Angelegenheit damit zu beenden?
Lösung: »Liebe Engel, wie oft soll ich atmen, bis ihr die Ursache, die Schockenergie oder das Trauma rausgezogen

habt?« Merke dir die Zahl, die die Engel dir übermitteln. Spüre nach: Wo sitzt die Schockenergie? Atme so oft, wie die Engel dir gesagt haben. Rausgezogen. Fertig.

Komplizierte Ursachen

Einen Punkt solltest du noch berücksichtigen. Die Ursachen für deinen Ist-Zustand müssen nicht unbedingt in deinem eigenen heutigen Leben liegen. Es kann sich durchaus auch um Traumata aus einem anderen Leben handeln, oder um sozusagen genetisch weitergegebene Traumata, böse Erinnerungen aus der Familiengeschichte oder von den Vorfahren. Sie können sich sogar ganz massiv in deinem heutigen Leben auswirken, ohne dass du weißt, woher sie eigentlich kommen. Wenn du an einen solchen Punkt kommst, fragst du am besten dich oder deine Engel um ein inneres Bild der Ursachensituation. Dann behandelst (urzlst) du diese Ursache genau wie die Ursachen aus deinem eigenen Leben. Der Ablauf ist der gleiche. Mit meinen Hörbuchkursen kann man die Methode noch genauer erlernen. Dennoch ist meine bewusste Engelheilung, dank meiner Engel, ganz einfach. Den Hörbuchkurs brauchst du nur, wenn du das Gefühl hast, mit der hier aufgezeichneten einfachen Anleitung noch nicht zufrieden zu sein. Die Hörbuchkurse findest du auf meiner Website www.engel-erzengel-schutzengel.de.

Ein hilfreicher Zwischencheck

Nachdem du die Engel-Methode nun kennengelernt hast, erkennst du dich vielleicht in dem einen oder anderem Punkt zum Ist-Zustand wieder und kannst ihn gleich mit der URZL-Methode von deinen Engeln rausziehen lassen. Dann kannst du schon mal fröhlich ein paar innerliche Schritte auf deiner geistigen Landkarte der Selbstfindung und Selbstheilung weitergehen. Um herauszufinden, wo du jetzt stehst, beantworte dir einfach in aller Ruhe die folgenden Fragen:

- Habe ich die Engel-Methode schon integriert? Kann ich Ist-Zustand, Ursache und Lösung voneinander unterscheiden? (Wenn deine Antwort nein ist, blättere noch einmal zurück zu »Wie backe ich mir einen neuen Anfang?« und lies alles von da an ein zweites Mal.)
- Ist mir bewusst, dass all dies aus meinem freien Willen geschieht? Ist mir klar, dass ich nichts tun oder unterlassen muss, dass ich frei bin, mich für diesen oder einen anderen Weg zu entscheiden?
- Lebe ich die Leichtigkeit? Habe ich mir schon alle meine blockierenden Denkmuster angesehen oder rausziehen lassen?
- Durchlebe ich immer wieder unterbewusst meine Traumata? Befinde ich mich öfter in irgendwelchen Flashbacks, die sich anfühlen wie Ohnmacht, Hilflosigkeit, Erstarrung, Taubheit, Leblosigkeit, Leere,

Versagen? Fühle ich mich manchmal komplett unfähig, mir selbst zu helfen?

- Wie viel Zeit brauche ich? Und ganz ehrlich: Wie viel Zeit nehme ich mir? Habe ich gelernt, mir Zeit für mich selbst zu nehmen?
- Festhalten an alten Sichtweisen – ist das genau mein Ding? (Das ist vollkommen normal und eine Auswirkung alter Traumata, dafür kannst du nichts! Aber du kannst dir helfen lassen, damit du es loswirst.)
- Lebe ich Ängste? Welche? (Schreibe jetzt alle auf.)
- Spüre ich noch Blockaden? Wie fühlen sich diese Blockaden in meinem Kopf und in meinem Körper an?
- Welche alten, negativen Denkweisen ziehe ich neuen, hilfreichen Denkweisen vor? Erkenne ich aufgrund meiner Selbstehrlichkeit schon ein paar von allein, ohne Spiegel? Oder begegne ich immer wieder Menschen und Situationen, die mir meine alten Denkweisen spiegeln?
- Wie sieht es mit meiner Selbstachtung aus? Achte ich mich? Behandele ich mich gut? Und behandeln mich die anderen auch gut?
- Bin ich schon körperlich krank? Hat meine Seele schon durch meinen Körper um Hilfe geschrien?

In die Ruhe kommen – und wie der ganze Weg beginnt

Ich habe lange gebraucht, bis ich selbst begriffen habe, wie wichtig es für mich ist, in die Ruhe zu kommen. Beruflich, während ich mit meinen Klienten arbeitete, bekam ich es super hin, in meiner Ruhe und Mitte zu sein, aber im privaten Bereich haperte es doch ganz gewaltig. Um in deine innere Ruhe zu kommen, kannst du wieder die Engel-Methode URZL verwenden. Sie funktioniert auch hierfür wieder super.

Hierzu eine kurze Geschichte aus meinem Leben. Sie zeigt, wie ich zwei störende Denkweisen entfernte, die es mir immer wieder unmöglich machten, in meine innere Ruhe zu kommen.

Gesund ist es, sich Zeit für sich selbst zu nehmen. Ja, das stimmt, und das wusste ich natürlich auch. Eines Tages durfte auch ich die Blockade mit meinen Engeln für mein Privatleben entfernen. Sie halfen mir, meinen schädlichen Ist-Zustand, der von dem Gedanken geprägt war, ich dürfe mir keine Zeit für mich nehmen, in einen normalen, gesunden Zustand umzuwandeln. Ich war gerade mit einer Freundin unterwegs, als sie mir in unserem Gespräch spiegelte, ich solle nicht so viel arbeiten usw. Ich erwischte mich bei meinen eigenen Gedanken. Sie reichten von: »Das will ich jetzt gar nicht hören« bis hin zu »Mist, sie hat ja recht.« Daraufhin fragte ich gleich meine Engel, was denn das für eine Denkweise sei, die mich daran hinderte, gesund zu leben und mir in meinem eigenen Leben genau die innere Ruhe zu gönnen, die ich brauchte.

Die Engel antworteten mir, diese schädliche Denkweise sähe folgendermaßen aus: »Ich darf mir in meinem Privatleben keine Zeit für mich selbst nehmen.« Leicht amüsiert und entgeistert erwiderte ich meinen Engeln: »Ja, so weit waren wir eigentlich schon. Na gut, also, ihr Lieben, woher kommt denn diese Denkweise, was ist denn hier die Ursache?« Sie antworteten: »Die hast du genetisch weitergegeben bekommen.«

Ich bat die Engel um mehr Informationen, unter anderem darüber, was denn genau die Ursache für diesen Satz gewesen sei. Und sie begannen zu erzählen. »Die Kriegsgeneration deiner Vorfahrenkette war aufgrund des Krieges immer angespannt und beschäftigt. Sie haben sich unheimlich bemüht, das Land wieder aufzubauen, und deshalb herrschte immer der gleiche Zustand: arbeiten und das Private unter den Tisch fallen lassen, sich keine Zeit im Privaten gönnen. Das hast du mitbekommen, und du hast es für dich übernommen, weil du gar nichts anderes richtig kennengelernt hast.«

Ich akzeptierte dies und fragte weiter: »Und, liebe Engel, nur weil diese Generation meiner Vorfahren damals so gelebt hat, habe ich dieses Abgespeicherte weitergegeben bekommen?«

Die Engel kicherten. »Ja, deine Eltern haben es auch, dieses Arbeiten, Arbeiten, Arbeiten. Dieses Dienen. Und noch etwas, liebes Kind, in drei Jahren wird es auch wissenschaftlich bewiesen sein, dass Trauma-Auswirkungen genetisch weitergegeben werden können.«

Ich wurde neugierig und fragte weiter: »Also, liebe Engel, das könnte ja sogar bedeuten, dass körperliche und geistige Krankheiten durch die Traumata der Vorfahren ausgelöst werden können?«

»Ja, so ist es«, antworteten sie. Woraufhin ich richtig hellhörig wurde und antwortete: »Das würde ja wiederum bedeuten, dass man dank euch zum Beispiel die Ursache herausfinden kann und dann ja wirklich alles selbst heilen könnte dank der Auswirkung, die die Ursache bis zum Ursprung zurückverfolgt und ganz genau zeigt?« Mir lief ein Wahrheitsschauer, wie ich es nannte, durch den Körper. Immer wenn etwas ganz klar, rein und wahr ist, erlebe ich dieses Gefühl. »Ja, mein Kind«, sagten die Engel, »das hast du gut erkannt.«

Das war ja mal wieder eine schöne, noch nicht wissenschaftliche anerkannte Erkenntnis! Ich musste laut lachen. Nachdem die Antwort für mich so aufregend war, hatte ich vor lauter Heilung der Traumata von Vorfahren ganz vergessen, dass ich ja eigentlich meine Denkweise »Ich darf mir im Privatleben keine Zeit für mich selbst nehmen« von den Engeln noch rausziehen lassen wollte. Jetzt fiel es mir aber wieder ein. Ich bat gleich meine Engel, die Trauma-Ursache, wo auch immer sie abgespeichert war, aus mir herauszunehmen. Sie teilten mir mit, ich sollte derweil vier Mal tief durchatmen. Und während ich langsam vier Mal bewusst tief durchatmete, spürte ich, wie sich etwas hinten in meinem Kopf löste. Danach fühlte ich mich viel leichter und testete. Die falsche Denkweise beziehungsweise Trauma-Auswirkung war weg. Ich wusste nicht einmal mehr, wie sie sich angefühlt hatte.

In den darauffolgenden Tagen testete ich noch ein Mal, aber es gab tatsächlich keine Resonanz mehr. Und seitdem nahm (und nehme) ich mir ohne Probleme in meinem Privatleben mehr Zeit für mich selbst.

Wenn wir schon bei solchen Miniproblemen wie dem Wiederherstellen der inneren Ruhe sind: Sei froh, dass du noch nicht krank bist, und lass dir schnellstmöglich allen Mist rausziehen, der sich in welcher Form auch immer in deinem Leben zeigt. Wenn du erst einmal körperlich krank bist, kann das alles viel schwieriger und langwieriger werden. Dazu mehr in dem zweiten Teil »Sich selbst heilen«.

Nun, bezüglich innerer Ruhe hatte ich meine Denkweisen erfolgreich rausziehen lassen. Allerdings lauerten da noch viele weitere Trauma-Situationen aus meiner Kindheit, und ich hatte leider etwas mehr zu bearbeiten als gewöhnliche Menschen. So passierte Folgendes: Immer wenn ich mit »negativen« Menschen zu tun hatte – mit angespannten Menschen, schlecht gelaunten Menschen, unausgeglichenen Menschen ... alles Menschen, die ich aus meiner Kindheit leider nur allzu gut kannte –, bekam ich einen Ausschlag. Ich wurde also getriggert, kurz sogar körperlich daran erinnert, auf was ich alles allergisch reagiere, bzw. was ich alles an Traumata noch zu heilen hatte. Es folgte eine längere, sehr aufregende Zeit des Aufräumens. Erst als ich diese Situationen rausziehen ließ und es keine Resonanz mehr gab, war wieder ein Stückchen mehr geheilt, und ich bekam den Ausschlag immer seltener, bis er nach zwei Monaten komplett verschwunden war. Bevor ich mir mehr Zeit für mich selbst genommen hatte, war ich immer wieder in eine Art Freizeitstress geraten. Ich hatte die triggerbaren Situationen einfach instinktiv vermieden, was wohl ein größeres Problem der heutigen Gesellschaft ist: vermeiden, statt hinschauen und es sich rausziehen zu lassen. Jedenfalls verbannte ich meinen Ausschlag, indem ich Dolce vita machte und es mir einfach gut gehen ließ. Dann verschwand auch der Ausschlag immer sofort. Das hieß, wie wir nun wissen aber nur, dass ich die Auswirkung mit positivem Verhalten und Denken überdeckte, wie jemand, der sich etwas positiv- oder schönredet, aber damit immer wieder nur die Auswirkung überdeckt und nicht die Ursache entfernt. Also war mein Trauma im Kopf noch da und triggerbar, und der Ausschlag kehrte sofort wieder, sobald ich in eine ähnliche verdrängte Situation, ein negatives Gefühl aus meiner Kindheit gelangte.

Ich zog also die Notbremse, nahm mir zwei Monate Zwangsurlaub und bearbeitete mit der URZL-Methode brav alle Ursachen. Da kam einiges an Trauma-Situationen zusammen. Dafür ging ich mit einer Freundin quer durch München und ließ mich triggern, erkannte, was getriggert wurde, und ließ es dann sofort rausziehen, immer ein Thema und eine Ursache auf einmal. An Plätzen, wo viele Menschen sind, sind die Spiegelvoraussetzungen hierfür fantastisch.

Und siehe da, drei Tage später gab es eine radikale Verbesserung, und nach zwei Monaten konnte ich stolz sagen, dass ich mich mit meiner Methode und meinen Engeln erfolgreich selbst geheilt hatte. Im Außen wurde sichtbar, dass meine Traumata weg waren. Heute weiß ich gar nicht mehr alles, was da beseitigt wurde. In dem Moment, in dem mir die Engel eine Ursache rausgezogen hatten, habe ich sie sofort vergessen. Sie sind wirklich verschwunden.

Während dieser Phase der Selbstheilung kam es übrigens, zusätzlich zu allem anderen, bei mir zu einer neuen Entwicklung: Ich kann seit einiger Zeit die Schwingungen anderer Menschen nicht nur sehen und hören, sondern auch riechen. Öffentliche Verkehrsmittel sind eine schwierige Sache für mich, weil sich negative Schwingungen für mich in üblen Gerüchen bemerkbar machen. Menschen mit schlechter Laune sind schon ein ziemliches »Duftproblem«, und Menschen mit heftigen Selbstzweifeln stinken geradezu.

Ich arbeite natürlich daran, dass mir solche Situationen nichts mehr ausmachen. Und ich lasse mir hier und da auch noch etwas herausziehen. Aber auch ich musste erst ordentlich eins auf den Deckel bekommen, um das zu verstehen. Der Ausschlag war das Signal, das mich zur Einsicht brachte und dafür sorgte, dass ich den Blick auf meine Kindheit richtete und die Ursachen entfernen ließ.

Ohne Einsicht geht es nicht

Einsicht heißt für mich, genau hinzuschauen, den Ist-Zustand ohne Scheuklappen und Angst zu betrachten und zu analysieren. Ich finde das sehr einfach. Man spürt ohnehin, in welchem Desaster man sich gerade befindet. Danach kann ich mir dann Gedanken über die Ursachen für diesen Ist-Zustand machen und mir beides rausziehen lassen, um keine Resonanz mehr zu geben. So werde ich den Ist-Zustand und auch die Ursachen los. Auf diese Weise arbeite ich an mir selbst, und so arbeite ich auch mit meinen Klienten. Und wenn ich gar nicht mehr weiterweiß oder wenn Menschen zu mir kommen, die ihr eigenes Problem nicht kennen, dann stelle ich ihnen durch meine Engel eine gezielte Frage oder frage gleich bei meinen Engeln nach.

Die Rolle der Träume

Träume sind übrigens ein klares Zeichen dafür, wo Menschen stehen. Wer seine Ängste noch in sich trägt, wird auch angstvoll träumen. Verwirrte, ängstliche Träume deuten auf eine verwirrte, ängstliche Wirklichkeit hin. Wer sich von den tief sitzenden Ängsten befreit und »aufwacht«, wird auch in seinen Träumen wacher, wird helle, klare Träume haben und letztlich auch in seinen Träumen »hellsehen«. So groß, wie viele Menschen meinen, ist der Unterschied zwischen Schlaf und Wachen gar nicht. Träumen ist auch nur eine Form von Klarsehen. Träume spiegeln das, was wir auch im Wachzustand erleben, und sie spiegeln den Stand unseres Bewusstseins.

Ich selbst habe das zweimal erlebt, beide Male im Zusammenhang damit, dass mich jemand belogen oder mir etwas verschwiegen hat. Die Konfrontation des Betreffenden mit dem, was ich gesehen habe, war beide Male nicht besonders erfreulich, zumal ich eigentlich etwas ganz anderes vorhatte, als mir von der Erkenntnis den Abend verderben zu lassen, dass mich jemand betrog …

Ich habe die Engel auch gefragt, warum ich dieses Signal mit dem Hautausschlag brauchte. Warum ich nicht, wie es bei anderen Leuten der Fall ist, einfach so an mir arbeiten konnte, ohne ein solches lästiges, unangenehmes Signal, das mich zum Nachdenken brachte. Die Engel haben mir gesagt, ich hätte eine regelrechte Allergie gegen negative Energie, gegen Stress und gegen alles Negative entwickelt. Und wenn ich nicht angefangen hätte, daran zu arbeiten, wenn ich nicht angefangen hätte, Menschen bei der Heilung ihrer negativen Energien zu helfen – dann hätte ich auch nie richtig auf mich selbst geschaut und wäre irgendwann tatsächlich ernsthaft krank geworden.

Aber *nachdem* ich richtig auf mich selbst geschaut hatte, habe ich eine Möglichkeit gefunden, die Allergie zu heilen. Indem ich mir Zeit für mich selbst nehme, wächst auch meine innere Kraft. Viel zu lange habe ich nur darauf geachtet, dass es anderen Menschen um mich herum gut ging. Seit ich meinem eigenen Wohlbefinden mehr Zeit und Aufmerksamkeit schenke, bin ich selbst »heiler« und kann anderen beim Heilwerden viel besser helfen.

Der richtige Ort

Ich muss nicht unbedingt allein sein, um in die Ruhe zu kommen. Wenn ich am Meer bin, werde ich ruhig, auch wenn andere Menschen um mich herum oder nah bei mir sind. Ruhe ist für mich einfach ein Ort, an dem ich mich wohlfühle.

Für viele Menschen im spirituellen Bereich heißt Ruhe: Ich setze mich allein irgendwo auf ein Kissen oder ein unbequemes Holzbänkchen und tue so, als würde ich meditieren. Und das regelmäßig, ob mir danach zu Mute ist oder nicht. Meditation ist Pflicht. Arbeit.

Dabei geht es viel mehr darum, die Ruhe tatsächlich zu leben. Wenn ich mich an einen Ort begebe, an dem ich mich wohlfühle, dann komme ich ganz automatisch in die Ruhe. Im Grunde genommen komme ich eigentlich nur wieder in die Kraft der Klarheit zurück, richte mich neu aus und heile, was mich belastet.

Das klingt erstaunlich einfach, fällt vielen meiner Klienten und auch vielen Menschen, die ich sonst so beobachte, aber ausgesprochen schwer. Sehr viele Menschen kehren leichter in alte, seit der Kindheit erlernte Muster zurück, auch wenn die Situation ihnen schadet. Sie leben über viele Jahre mit einem falschen Partner, der ihnen nicht guttut, und kehren nach einer Trennung sogar wieder zurück. Sie lösen sich nicht von einem ungeliebten Beruf oder einer belastenden Arbeitsstelle, die sie krank macht.

In die Ruhe kommen – ganz praktisch

Was kannst du also selbst tun, um in die Ruhe zu kommen? Du kannst dir zunächst einmal eine Liste von Orten und Situationen machen, an und in denen du dich wohlfühlst. Und zwar ganz und gar unzensiert. Lass dir nicht von außen irgendwelche Wertvorstellungen aufdrücken. Ob es dein eigenes kuscheliges Bett oder eine Bank im Park ist, auf der du dich zutiefst geborgen fühlst – beides ist prima. Wenn du gern durch eine belebte Bahnhofshalle schlenderst und das hektische Treiben ganz entspannt von außen beobachtest – warum nicht? Wenn du eine halbe Stunde aus dem Fenster schauen willst und die Spatzen in der Hecke anschaust, auch gut. Strand, Wald, Fußgängerzone ... Es gibt keine Regeln dafür, wie der Ort aussehen sollte, an dem du dich wohlfühlst. Solange du anderen nicht schadest und solange du ganz und gar ehrlich zu dir selbst bist und dir wirklich einen Ort suchst, an dem es dir vollkommen gut geht, ist alles in Ordnung. Und wenn du dich in einem Luxushotel wohlfühlst und das nötige Kleingeld dafür besitzt – dann gönn es dir!

Noch eine Bemerkung zu dem letzten Beispiel: In der spirituellen »Szene« sind oft Dinge verpönt, die mit äußerem Luxus oder Schönheit einhergehen. Alles muss immer nach innen gewendet sein. Diese falsche Askese bringt uns aber keinen Schritt weiter. Im Gegenteil: Wer etwas designt oder gestaltet, bringt damit die Harmonie der Seele zum Ausdruck. Er wendet die Schönheit von innen nach außen. Natürlich sollte äußere Schönheit nicht auf Kosten anderer entstehen, auch nicht auf Kosten von Tieren, beispielsweise, indem Tierhäute verwendet werden. Aber es gibt keinen Grund, hässlich zu leben und damit dem eigenen Wohlbefinden zu schaden.

Sicherheit spüren, sich Zeit nehmen

Wohlfühlen heißt aber nicht nur, an einem Ort zu sein, wo du dich gut und sicher fühlst. Es kann gerade für Menschen, die sehr stark an ihrem Inneren arbeiten, auch nötig und wichtig sein, die äußere Schönheit zu betonen: sich ein schönes Kleid anzuziehen, Schmuck zu tragen, alles, worauf du Lust hast. Für all das brauchst du Zeit. Und die musst du dir nehmen. Sie ist immer in ausreichender Menge vorhanden, aber zugreifen musst du selbst.

Und du brauchst Menschen, mit denen du dich wohlfühlst. Du kommst niemals in die Ruhe, um dir von deinen Engeln etwas rausziehen zu lassen, wenn du von Menschen mit negativer Energie umgeben bist. Die Menschen in deinem Leben spiegeln dir deine eigenen Probleme und lösen mit ihrer eigenen negativen Energie möglicherweise negative Reaktionen bei dir aus. Dann ist es mit der Ruhe schnell vorbei, und du findest dich in einem sogenannten Flashback-Zustand wieder.

Du brauchst also einen ruhigen Ort mit Menschen, die dir Ruhe lassen. An einem solchen Ort wirst du schnell auf deinem inneren Weg weiterkommen. Nur kann es dann sein, dass du danach wenig Lust auf Menschen hast, die dir mit ihrer negativen Energie das Leben schwer machen. Selbst eine nach außen hin ganz intakte Ehe kann darunter leiden, dass einer der beiden Partner anfängt, an sich zu arbeiten, und der andere den Weg nicht mitgeht.

Eine kurze Checkliste zum Thema Ruhe

Noch einmal ganz kurz zusammengefasst, denn die innere Ruhe ist eine wichtige Grundvoraussetzung für alles, was du mit den Engeln erleben kannst. Innere Ruhe findest du nur, indem du …

- … die Engel-Hilfe kennenlernen möchtest.
- … mit den Engeln in Kontakt treten willst.
- … dir Zeit (oder Urlaub) nimmst.
- … dich in ein Umfeld begibst, in dem du dich wohl und sicher fühlst.
- … dich von Menschen mit negativer Energie zumindest zeitweise entfernst.
- … ganz ehrlich und genau hinschaust, was in dir bisher Unruhe ausgelöst hat, und dich dafür entscheidest, diese Unruhe mit Hilfe der Engel zu beheben.
- … die Engel-Methode für Heilung und Engel-Hören kennenlernen willst.
- … aus freiem Willen wachsen möchtest.

Kinder und ihre Engel

Ich habe selbst von meiner frühen Kindheit an Kontakt mit den Engeln gehabt. Wie meine Freundinnen war ich ganz klar verbunden mit den Engeln und überhaupt mit der unsichtbaren Welt. Ich bin in einem Waldorfkindergarten aufgewachsen, in dem es kein Problem war, über solche Erfahrungen zu sprechen. Was die Erzieherinnen dazu gesagt haben, daran kann ich mich gar nicht mehr erinnern; wir waren nicht so sehr auf sie fixiert, sondern vielmehr bei uns und unseren gemeinsamen Spielen.

An dem Weiher bei unserem Kindergarten gab es zahllose Naturwesen, mit denen wir gesprochen und gespielt haben. Sie sahen anders aus als die Engel, aber sie waren für mich immer wahrnehmbar und eine vollkommene Selbstverständlichkeit.

Meine Mutter hat mit mir und meiner Schwester abends dieses alte Volksgebet gebetet:

Abends, wenn ich schlafen geh
vierzehn Engel um mich stehn
zwei zu meiner Rechten
zwei zu meiner Linken
zwei zu meinen Häupten
zwei zu meinen Füßen
zwei, die mich decken
zwei, die mich wecken
zwei, die mich führen
ins himmlische Paradies.

Das habe ich auch mitgebetet und die Engel wirklich ganz leibhaftig gesehen, mit ihnen gesprochen und gespielt. Gelegentlich haben sie mich auch vor einer Gefahr gewarnt oder mir gesagt, wenn jemand nicht ehrlich war. Sie waren einfach immer da und in meiner Nähe.

Diese Grundlage habe nicht nur ich, alle Menschen haben sie. Der Kontakt mit Engeln muss also eigentlich gar nicht hergestellt werden, jedes Kind kommt mit der Fähigkeit zur Welt, die Engel zu sehen. Wir alle kommen aus dem Licht und können das Licht sehen – es sei denn, unsere Eltern oder andere wichtige Vorfahren sind so entsetzlich traumatisiert, dass sie uns ihren Schatten vererbt haben. Dann sehen wir kein Licht mehr und fühlen es auch nicht mehr. Wir sehen und fühlen nur noch schwarz und sind ganz und gar damit beschäftigt, den Schatten zu tragen, der uns am echten Leben hindert.

Aber davon abgesehen, hat jeder Mensch die grundsätzliche Fähigkeit zum Kontakt mit den Engeln, wirklich jeder. Es gibt keine besondere »Gabe« in diesem Bereich. Jeder Mensch hat diese Fähigkeit, jeder ist gleich viel wert, wir haben uns nur unterschiedliche Lebenspläne ausgesucht – und unterschiedliche Schatten. Ein Beurteilen und Verurteilen von Menschen ist vollkommen sinnlos und führt zu nichts. Auch unsere energetischen Eigenschaften sind weitgehend gleich. Alles ist miteinander verbunden und alles ist eins.

Wenn Menschen nicht in der Lage sind, »hell zu sehen« – und auch der Kontakt mit den Engeln ist ein solches »Hell-Sehen« –, dann liegt das nicht an einem Mangel an Fähigkeiten, sondern nur daran, dass Schatten, also traumatische Belastungen, ihnen die Sicht versperren. Sobald der Schatten entfernt und die traumatische Belastung geheilt ist, sieht man im wahrsten Sinne des Wortes wieder »hell« und klar.

Übrigens können Eltern ihren Kindern sehr gut dabei helfen, sich dieses helle Sehen zu bewahren. Kinder erleben die Schwingungen der Eltern intensiv mit. Also sollten Eltern vor allem an ihrer eigenen Energie, an ihren eigenen Schatten arbeiten und selbst schon möglichst »hell« leben, um ihren Kindern gute Startbedingungen zu schaffen.

Auch Kindergärten, Kitas und Schulen haben hier eine große Verantwortung. Leider kann man sich manchmal des Eindrucks nicht erwehren, dass diese Systeme eher darauf ausgerichtet sind, Kindern den Blick auf die Wahrheit zu verstellen.

Kleine Engel sorgsam behandeln: Wie du dir und deinem Kind das Leben leichter machst

Jeder, der mit Kindern zu tun hat, kann viel dafür tun, sich und den Kindern das Leben zu erleichtern, wenn er aus gewohnten Mustern ausbricht und mit Hilfe der Engel sein eigenes Inneres in Ordnung bringt. Schau dir einmal die folgenden Alltagssituationen an. Viele werden dir sehr bekannt vorkommen. Vielleicht erschrickst du ein wenig, wenn du siehst, wie schnell du mit deinem ganz alltäglichen Verhalten einem (deinem?) Kind Schaden zufügen kannst.

Die genannten Beispiele sollen dich aber nicht in Panik versetzen, sodass du dich gar nicht mehr unbefangen einem Kind gegenüber verhalten kannst. Sie sollen dich nur sensibel machen für die kleinen »Traumata« unseres Alltags, die allesamt leicht vermeidbar sind.

Du schadest der Seele deines Kindes, wenn du …

… es mit herabsetzenden Worten beleidigst. Die englische Sprache ist hier besonders aufschlussreich. Jemanden beleidigen heißt dort »giving names«. Tatsächlich sind Beleidigungen Namen, die du dem Kind gibst. Und Namen haben eine große Macht. Sie werden zu Gedanken und setzen sich fest: Ich bin ein Depp. Ich bin faul. Ich bin unordentlich. Ich bin eine Nervensäge. Ich bin … Und wenn sich diese Gedanken festgesetzt haben, werden sie zu Glaubenssätzen, die ein ganzes Leben prägen können.

… es bloßstellst oder niedermachst, wenn es etwas nicht weiß, nicht kann oder falsch macht. Ein Kind, das bloßgestellt wird, lernt seiner Umwelt zu misstrauen. Es verliert jede Möglichkeit, Dinge auszuprobieren, ohne immer gleich perfekt sein zu müssen. Wer ein Kind bloßstellt, sollte sich fragen, warum er das tut. Hilft dir das Gefühl der Macht, über eigene Ohnmachtsgefühle hinwegzukommen? Dann frag nach der Ursache für diese Ohnmachtsgefühle und bitte die Engel, sie zu entfernen. Ist mit der Bloßstellung ein Gefühl

der Rache für erlittenes Unrecht verbunden? Aber dieses Unrecht hat dir doch garantiert nicht das Kind zugefügt? Forsche in dir nach den Ursachen für dieses Gefühl der Bitterkeit und bitte die Engel, diese Ursachen zu entfernen.

... es verbal angreifst. Gegen den verbalen Angriff eines Erwachsenen, der ja sprachlich viel gewandter und geübter ist als das Kind, ist das Kind ebenso wehrlos wie gegen körperliche Gewalt. Auch hier frag dich bitte, welches Gefühl der verbale Angriff auf einen Schwächeren dir gibt. Warum brauchst du dieses Gefühl? Wo liegen die Ursachen? Bitte die Engel, die alten Verletzungen zu entfernen, damit du ein solches unwürdiges Verhalten nicht mehr nötig hast.

... es in Frage stellst, indem du ihm zum Beispiel nicht glaubst, wenn es dir etwas berichtet, oder indem du nicht hinter ihm stehst. Ein Kind, dem man nicht glaubt, verliert den Glauben an sich selbst und an sein eigenes Erleben. Zahlreiche Berichte von Missbrauchsopfern zeigen, wie sie selbst anfingen, an ihren Erlebnissen zu zweifeln, weil ihnen niemand glaubte. Dieser Selbstzweifel hinterlässt schwere seelische Schäden. Was hindert dich daran, deinem Kind zu glauben? Willst du etwas nicht sehen und verleugnest es deshalb? Oder ist das, was du als »Lüge« deines Kindes bezeichnest, nicht vielmehr ein versteckter Hilfeschrei?

... ihm aggressiv begegnest, sei es mit Worten oder mit körperlicher Gewalt. Auch hier gibt uns die englische Sprache interessante Hinweise. Ihr Wort »abuse« meint sowohl die

verbale als auch die körperliche Aggression bzw. Misshandlung – und den sexuellen Missbrauch. Wer als Erwachsener seine Aggression auf ein Kind loslässt, fügt ihm in jedem Fall Schaden zu. Das Kind ist immer schwächer als der Erwachsene. Warum brauchst du das Gefühl der Macht, das entsteht, wenn du einen Schwächeren angreifst?

... gestresst auf seine Anwesenheit reagierst. Nicht das Kind verursacht dir Stress, sondern deine allgemeine Lebenssituation. Oder das Kind erinnert dich an etwas, spiegelt dir etwas, was dir selbst seit deiner Kindheit zu schaffen macht. Statt gestresst darauf zu reagieren, schau hin: Was wird dir da gespiegelt? Wo liegen die Ursachen? Bitte die Engel, die Ursache zu heilen, statt sie mit deinem Stress auf das Kind zu übertragen.

... das Kind deine schlechte Laune spüren lässt. Schlechte Laune ist ein Zeichen von Unzufriedenheit mit deiner allgemeinen Lebenssituation. Statt sie auf das Kind zu übertragen, schau auch in diesem Fall ganz genau hin. Was verursacht bei dir schlechte Laune? Bist du einfach nur »mit dem falschen Bein aus dem Bett gestiegen«? Dann lach über dich selbst, statt einen kleinen Menschen damit zu behelligen. Oder liegt es an deiner beruflichen oder familiären Situation? Dann versuch herauszufinden, was dir da gespiegelt wird. Was ist die Ursache, die vermutlich in deinen eigenen frühen Erfahrungen liegt? Bitte die Engel, diese Ursache und ihre Folgen zu entfernen.

... das Kind in deine eigene Traurigkeit hineinziehst. Auch hier gilt: Schau hin. Deine eigene Traurigkeit wird nicht geringer, wenn du andere Menschen zusätzlich traurig machst. Wo liegt der Grund für die Traurigkeit? Wer kann dir helfen, diese Traurigkeit und ihre Gründe zu überwinden und loszuwerden? Du selbst, indem du die Traumata heilst – mit deinen Engeln!

... es allein lässt oder stehen lässt und (zum Schein) weggehst. Ich sehe das immer wieder, wenn ich durch die Stadt gehe. Mutter und Kind sind zusammen in der Fußgängerzone unterwegs. Das Kind bleibt stehen, will nicht weitergehen. Entweder ist es fasziniert von etwas, was es dort sieht, oder es braucht einfach ein anderes Tempo als die Mutter. Ein paarmal ruft die Mutter nach dem Kind, fordert es zum Weitergehen auf – und dann tut sie so, als würde sie weggehen, ruft »Tschüs« und lässt das Kind zum Schein stehen. Das Schlimmste, was einem Kind passieren kann, seine größte Angst wird wahr: Es wird alleingelassen, der wichtigste Mensch in seinem Leben verschwindet. Es gibt sicher gute Gründe, warum der Rhythmus von Erwachsenen und Kindern in der Stadt nicht zusammenpasst. Und es muss auch nicht immer der Rhythmus des Kindes alles bestimmen. Aber wenn du dein Kind mit diesem Albtraum konfrontierst, tust du weder dir selbst noch dem Kind etwas Gutes.

... ein Baby schreien lässt. Ganze Generationen von Menschen, bis in die späten Sechzigerjahre hinein, sind als Babys so behandelt worden, zumindest hier in Deutschland.

Alle vier Stunden gab's was zu Trinken, und wenn das Kind zwischendurch oder nachts schrie, ließ man es schreien. Während die einen behaupteten, diese Barbarei stärke die Lungen, gingen die anderen davon aus, Kinder würden »verwöhnt«, wenn man auf ihre Wünsche eingehe. Aber ein Baby, das schreit, hat zumindest das subjektive Gefühl, existenziell bedroht zu sein. Wenn du es in dieser Lage alleinlässt, verunsicherst du es zutiefst. Tu deinem Kind das nicht an. Und wenn du selbst so behandelt worden bist: Bitte die Engel, diese schlimme Erfahrung und ihre Folgen aus deinem Körper und deiner Seele zu entfernen.

... es ignorierst oder ihm mit kühler Distanz begegnest. Stresstests mit Erwachsenen zeigen, dass kaum eine Situation als belastender empfunden wird als die Konfrontation mit eiskalter Distanz. Für Kinder ist eine solche Situation noch ungleich belastender, zumal für kleine Kinder, die noch nicht sauber zwischen ihrer eigenen Person und ihrer Umwelt trennen können. Wenn sie von ihren Bezugspersonen ignoriert oder mit kühler Distanz behandelt werden, kommt das für sie einem Verlust der eigenen Person gleich und löst schreckliche Ängste aus. Beide Verhaltensweisen sind als »Erziehungsmaßnahmen« vollkommen ungeeignet und sorgen für traumatische Erfahrungen, vor allem wenn sie wiederholt angewendet werden. Das Gleiche gilt für andere gewalttätige Erziehungsmaßnahmen, z. B. emotionale Erpressung oder ködern, verbales oder räumliches Einsperren, zu viele und zu enge Grenzen, andauerndes Neinsagen.

… es in eine hilflose Lage bringst oder ihm aus einer solchen Lage nicht heraushilfst. Gefühle der Ohnmacht und Hilflosigkeit setzen sich durchs ganze Leben hindurch fort. Wenn du selbst unter Ohnmachtsgefühlen leidest, die du auf diese Weise weitergibst, bitte die Engel, hier ganz schnell Abhilfe zu schaffen.

… nichts in deinem eigenen Leben änderst, sondern den kranken Weg weitergehst. Was immer dich im Zusammenleben mit deinem Kind – wie auch mit allen anderen Menschen – stört, irritiert, nervt, aufregt oder traurig macht, spiegelt dir etwas, was in deinem eigenen Leben geheilt und verändert werden soll. Wenn du so etwas erlebst, frag dich, was da gespiegelt wird. Wirf einen klaren Blick auf die Ursachen, die sich fast immer in traumatischen Erfahrungen aus deiner Kindheit oder in deiner Familiengeschichte finden lassen. Und bitte darum, dass die Engel diese Erfahrungen und ihre Ursachen entfernen. Du tust damit nicht nur dir selbst etwas Gutes, sondern sorgst auch dafür, dass dein Leben ein Stück heiler wird. Du hilfst tatsächlich auch deinen Kindern und den nachfolgenden Generationen, ein glücklicheres, weniger belastetes Leben zu führen.

Ich will dir mit diesen Ratschlägen keine Angst machen oder dir ein Schuldgefühl einreden. Wir sind alle nur Menschen und machen Fehler. Auch Eltern machen bei allem gut gemeinten Bemühen Fehler im Umgang mit ihren Kindern. Das ist gar nicht zu vermeiden, und wer glaubt, er könnte sich perfekt verhalten, der wird sicher enttäuscht. Aber es ist wichtig, sich klarzumachen, dass fortgesetztes negatives Verhalten einem Kind gegenüber eine Form des emotionalen Missbrauchs ist. Und dass dieser emotionale Missbrauch zu Verletzungen und Störungen führt, die sich später, im Erwachsenenalter auswirken.

Natürlich können wir alle diese traumatischen Belastungen mit Hilfe der Engel auflösen. Aber viele Menschen begeben sich gar nicht erst auf diesen Weg und kommen nie in Kontakt mit dem Engel-Heilen. Und wir, die wir mit Hilfe der Engel Heilung voranbringen können, sind noch nicht so viele, dass wir »die ganze Welt retten« könnten. Deshalb wäre es einfach gut, wenn möglichst viele Verletzungen gar nicht erst entstehen würden. Dann würde die Spirale der Gewalt und Verletzung vielleicht irgendwann endlich abreißen.

Der große Durchbruch – Kontakt mit den Engeln

Durch eine schwierige, für mich wirklich traumatische familiäre Situation hatte ich im Laufe meiner Kindheit den Kontakt zu den Engeln irgendwann fast ganz verloren. Ich konnte sie allerdings immer noch fühlen, sodass ich gewarnt war, wenn gelogen wurde, wenn jemand nicht die Wahrheit sagte. Die meisten Menschen hätten das wohl einfach als Intuition bezeichnet. In der Schule war es ganz extrem: Manche Leute in meiner Klasse witterten förmlich die Spiegelgefahr, die von mir ausging, gerade weil meine »Intuition« so stark war. Zu groß war die Angst der anderen, ich könnte Licht ins Dunkel bringen und alles aufdecken, was sie da planten. Also ließen sie mich lieber außen vor. Verstört wie ich war, ging ich so weit, dass ich mich verstellte und bloß nicht leuchtete, mich schlechter darstellte als ich war usw., damit ich die anderen nicht mit ihrer eigenen Unwahrheit konfrontierte.

Ich glaube heute, dass ich mich selbst entschieden habe, einen Schatten in mein Leben hineinzulassen. Einfach um zu erleben, wie es ist, wenn man mit einem solchen Schatten lebt. Irgendwann habe ich mich dann genauso wieder entschieden, ihn zu entfernen.

Als ich siebzehn Jahre alt war, nahm mich eine Freundin mit zu einer »Engelfrau«, und schon in der Zeit zwischen der Terminvereinbarung und dem eigentlichen Termin kamen ganz allmählich die Erinnerungen zurück. Auf einmal wusste ich wieder, dass ich als kleines Kind engen Kontakt mit den Engeln gehabt hatte.

Die Freundin und ich hatten zwei Stunden nacheinander in dem »Hexenhäuschen« der Engeltherapeutin vereinbart. Und mir war trotz aller Schatten vollkommen klar, dass heute etwas ganz Besonderes passieren würde.

Ich legte mich auf eine Liege, und die Engeltherapeutin hielt mir ihre Hände unter den Kopf. Mir wurde sehr heiß, ein ganz seltsames Gefühl, das mich sehr beunruhigte. Die erste Frage der Engelfrau war: »Warum bist du zu mir gekommen?« Für einen Moment war ich mir unsicher, was ich antworten sollte, aber dann kam die Antwort ganz deutlich aus meinem Herzen: »Ich möchte meine Ängste und Blockaden auflösen.« Allmählich wurde, während ich da lag, der Raum ein wenig neblig, was die Engeltherapeutin mir mit einer Erhöhung der Schwingung im Zimmer erklärte.

Dann stellte sie mir die zweite Frage: »Warum bist du auf die Erde gekommen?« Ich wollte gerade anfangen, nachzudenken und ihr dann eine wohlabgewogene Antwort zu geben, als ich sah, dass im Raum eine goldene Schrift erschien, genau vor meinen Augen. Da stand: »Um zu heilen.«

Ich war vollkommen verwirrt. Was sollte das denn bedeuten: »Um zu heilen«? Und woher kam diese Schrift? Sah nur ich diese Buchstaben, oder waren sie »wirklich da«? Dass das kein Gegensatz sein muss, habe ich erst viel später begriffen. Gleichzeitig hatte ich das deutliche Gefühl, ich müsste diesen Satz »um zu heilen« als Antwort laut aussprechen, auch wenn ich erwartete, dass die Engelfrau mich jetzt endgültig als übergeschnappte junge Spinnerin abtun würde.

Also sagte ich: »Um zu heilen.« Und ganz entgegen meiner Erwartung blieb die Engeltherapeutin sehr ruhig und cool, als wäre das die größte Selbstverständlichkeit der Welt. Da sie wohl sah, dass ich sehr offen für die Botschaften der Engel war, lud sie mich ein, gleich weiterzufragen: Was soll ich heilen, wie soll ich heilen? Und die Antworten ließen nicht lange auf sich warten.

Durch diese Erfahrung ermutigt, sagte ich der Engelfrau, ich wolle jetzt bitte endlich einen Engel *sehen.* Fast befürchtete ich, sie würde mich für unverschämt halten, aber sie lächelte nur und antwortete, ich sollte doch einfach über ihre Schulter sehen. Ich schaute vorsichtig hin – und gleich wieder weg, weil das Licht, das dort zu sehen war, mich fürchterlich erschreckte. Aber es war einfach zu verlockend, und so sah ich nach einem Weilchen wieder hin.

Und tatsächlich, da waren sie: groß und hell und in Farbe und zum Greifen nahe. Die Engelfrau sah sie auch, was mich doch sehr beruhigte – offenbar war ich also noch nicht vollkommen durchgedreht.

Da standen sie also: Zwei Engel, die sich mir als Michael und Raphael vorstellten. Ich sah sie begeistert und gleichzeitig furchtbar aufgeregt an, und dann fasste ich mir ein Herz und fragte sie, was ich denn jetzt mit dieser neuen Erfahrung bitte anfangen solle. Sie sagten mir, ich könne diese Erfahrung für zweierlei nutzen. Zum einen sollte ich tun, wofür ich zu der Engelfrau gekommen war: meine eigenen Ängste und Blockaden, meine Schatten auflösen und endlich frei werden. Zum anderen sollte ich diese Erfahrung der Befreiung auch anderen möglich machen. Im Übrigen seien sie immer in meiner Nähe, und ich könne sie immer fragen, wenn ich nicht weiterwisse. Sie würden mich begleiten, mir als Ratgeber zur Seite stehen. In allen Situationen meines Lebens. Sie seien immer schon bei mir gewesen und würden auch weiterhin bei mir sein.

Dann war die Stunde zu Ende. Ich setzte mich auf der Liege auf, sehr benommen, aber auch sehr glücklich. Mein Rücken fühlte sich ganz seltsam an, sehr gerade und aufgerichtet. Als ich beim Rausgehen in den Spiegel blickte, erschrak ich fast vor meinem eigenen Spiegelbild, so freundlich und liebevoll strahlte es mir entgegen. Ganz weich und warm fühlte ich mich an.

Heute wundert mich das nicht mehr. Zum einen weiß man inzwischen, dass sich alle Strukturen im menschlichen Körper, auch die DNA, ausweiten und strecken, wenn ein Mensch positive Erfahrungen macht, und dass sie sich zusammenziehen, wenn der Mensch Negatives erlebt. Zum anderen habe ich dieses Strahlen, diese Freundlichkeit und Liebe in den folgenden Jahren so oft bei Klienten gesehen, die mit den Engeln in Berührung gekommen waren, dass mich auf diesem Gebiet gar nichts mehr erstaunt.

Damals jedoch staunte ich sehr über mich selbst und das, was da so plötzlich mit mir passierte. Ich war ja noch gar nicht in der Lage, das alles einzuordnen und zu verarbeiten.

Die Reaktionen in meiner Umwelt waren sehr gemischt. Meine Freundin, die mich ja überhaupt erst zu der Engelfrau gebracht hatte, war ein bisschen neidisch und hätte sich nichts mehr gewünscht als ein ähnliches Erlebnis. Aber sie brauchte wohl einfach viel mehr Zeit und musste erst noch einige alte Erfahrungen auflösen. Die Entwicklung ist nun mal bei jedem Menschen anders. Beim einen geht alles sehr schnell und rasant, beim anderen ist es ein langer, allmählicher Weg zu den Engeln. Ich bin aber heute davon überzeugt, dass jeder genau den Weg geht, den er tief im Inneren braucht.

Mein damaliger Freund war gerade dabei, Rechtsanwalt zu werden. Er war wirklich mit vollkommen anderen Themen und Strömungen beschäftigt, und so ist es wohl nicht überraschend, dass er sich sehr schwertat mit dem, was ich da erlebte. Er machte sich wohl auch Sorgen, dass ich anfinge zu »spinnen«. Als ich ihn nach meinem ersten »Besuch bei den Engeln« anrief, konnte er meine Begeisterung jedenfalls nur schwer verstehen und schon gar nicht teilen. Aber das machte mir nichts aus.

Während der nächsten drei Monate erlebte ich eine abenteuerliche emotionale Berg- und Talfahrt. Über lange Strecken konnte ich gar nicht glauben, dass das Erlebnis echt gewesen war. Die Reste des Traumas in meinem Inneren sorgten dafür, dass ich ständig zweifelte und mir einredete, das alles könne es gar nicht geben. Aber nachts, wenn ich schlief und träumte, war alles ganz sonnenklar. Und so überfiel mich beim Aufwachen immer wieder das große Glücksgefühl, das ich in der Stunde bei der Engelfrau erlebt hatte: Es gibt die Engel wirklich! Und ich kann sie sehen und hören und spüren! Alles ist gut.

Es hatte richtig »Peng!« gemacht. Und ein bisschen fühlte es sich auch an, als wäre ich ganz unverhofft nach einer langen Irrfahrt endlich wieder zu Hause angekommen.

Als die drei Monate um waren, war ich so weit, den Engeln wirklich aufmerksam zuzuhören und Pläne zu machen, um das in die Tat umzusetzen, was sie mir rieten und was ich mir wohl schon ein Leben lang gewünscht hatte.

Wie du selbst den Engel-Kontakt (wieder) herstellst

Den Engel-Kontakt (wieder) herzustellen ist ganz einfach. Lediglich deine erlernten oder vererbten Trauma-Auswirkungen wie Muster, Glaubenssätze, Ängste, Blockaden im Allgemeinen empfinden das nicht so. Aber sie gehören ja auch gar nicht zu dir, sondern sind Verletzungen, die du liebevoll und in Leichtigkeit mit deinen Engeln heilen kannst. Und glaube mir, diese Schockenergien in deinem Körper (oder auch Schatten, wie sie im esoterischen Bereich oft genannt werden) würden selbst gern endlich wieder nach Hause ins Licht zurückkehren und nicht auch noch von Generation zu Generation auf Erden weitergegeben werden. Es macht ihnen überhaupt keinen Spaß, hier auf der Erde festzustecken und die ganze Zeit den blöden Schatten zu spielen.

Der erste Schritt, den du innerlich und geistig gehen kannst, um wieder Kontakt mit den Engeln aufzunehmen, ist ganz klar das **Loslassen.**

Loslassen können wir immer dann, wenn wir uns für eine Sache entschieden haben und nicht mehr zweifeln, also nicht mehr zwischen zwei Feldern hin- und herhüpfen und uns nicht klarmachen, was gerade am besten für uns ist. Um bezogen auf deinen Engel-Kontakt loszulassen, darfst du dich also entscheiden, ob du überhaupt mit deinen Engeln kommunizieren möchtest. Wenn sich ein NEIN in den Weg stellt, ist das deine klare Entscheidung und alles ist gut, denn es ist dein freier Wille, ob überhaupt und wie du mit ihnen in Kontakt treten willst. Wenn du eine Angst, einen Zweifel, ein altes Denk- oder Verhaltensmuster usw. entdeckst, ist das toll, denn diese kannst du mit dem Engel-Tool URZL für immer auflösen und dann deinen nächsten geistigen Schritt tun.

Es gibt insgesamt fünf Schritte zum Engel-Hören. Jeder dieser Schritte hat seine eigene geistige Länge, abhängig davon, wie zugeschüttet dein Kanal ist. Deshalb – und dies sei hier nochmals erwähnt – ist aber kein Mensch schlechter oder besser. Lass dich da nicht von deinem Ego irritieren.

Die fünf Schritte fallen bei verschiedenen Menschen ganz unterschiedlich aus. Kinder zum Beispiel brauchen diese Schritte überhaupt nicht, sondern sagen geradeheraus: »Ja, der Michael hat gesagt …« Ältere Kinder konzentrieren sich kurz, lauschen einfach, was so kommt, und hören dann auch schon die Antwort der Engel in Form von liebevollen oder lustigen Engelsstimmen. Traumatisierte Jugendliche, Erwachsene und ältere Menschen haben es etwas schwerer und dürfen mit Hilfe der Engel erst noch ein paar Zweifel wie Glaubenssätze, Ängste, Muster, kurz: Trauma-Auswirkungen heilen, die den Kanal zu den Engeln blockiert haben. Aber selbst dies ist leicht zu bewerkstelligen, weil die Anleitung der

Engel sehr einfach ist. In der Schwere wäre man übrigens auch nicht auf der Frequenz der Engelsschwingung.

Es kann also sein, dass du die Übungen, die gleich folgen, ausprobierst und nur ein paar Sekunden brauchst, bis du die Engel hörst. Es kann aber durchaus auch sein, dass du ihre Botschaften erst in Form von Gedanken wahrnimmst. Bei manchen dauert es ein bis zwei Monate, erst mal den zugeschütteten Kanal zu lichten, was natürlich voraussetzt, dass man auch seine Belastungen rausziehen lässt. Das tut man immer dann, wenn sich etwas zeigt, was gerade gelöst werden will.

Alles ist gut. Denn alle Altlasten, die deinen Kanal zu den Engeln blockieren, kannst du ja problemlos mit deinen Engeln entfernen. Genau dafür haben mir die Engel das URZL-Tool übermittelt und für uns alle auf Erden zugänglich gemacht. Es darf weitergehen auf diesem Planeten und vor allem mit dir selbst! Fühlt sich das nicht gut an?

Deine Basics/Voraussetzungen

- Ich habe mich selbst gefragt, ob ich überhaupt die Engel hören, bzw. mit ihnen kommunizieren möchte (Selbstverantwortung).
- Ich habe beschlossen, dass ich gern mit den Engeln kommunizieren möchte (freier Wille).
- Die Denkweise »Alles ist schwer, muss schwer sein«, habe ich schon mitsamt ihren Ursachen analysiert und von den Engeln rausziehen lassen (Arbeitsweisen-Grundstein).

Fünf Schritte zum Engel-Hören mit der EHT-Methode

Wie kann ich die Antwort der Engel bekommen? Wie teste ich, wo ich innerlich geistig stehe?

Hierfür haben die Engel mir wieder eine Methode vorgestellt: das EHT = Engel-Hören-Tool. Ich habe ihnen brav zugehört, alles niedergeschrieben und seit Jahren mit Klienten in Einzelsitzungen, Seminaren, Ausbildungen oder Kursen erfolgreich angewendet.

Wie du eine Antwort bekommen kannst

Schritt 0: Ich empfange gar nichts.

Schritt 1: Ich bekomme die Antwort in den Sinn, es ist einfach »etwas plötzlich als Gefühl« da.

Schritt 2: Ich habe einen klaren Gedanken in meinem Kopf.

Schritt 3: Ich habe fließende Sätze in meinem Kopf.

Schritt 4: Ich höre ein leises, innerliches Flüstern.

Schritt 5: Ich höre die Engel innerlich klar, liebevoll, kichernd, so wie die Engel halt sind.

Wie du es praktisch jetzt gleich versuchen kannst

Stell einfach eine Frage an die Engel. Zum Beispiel: »Wie viele Engel sind gerade um mich herum?« Schließe deine Augen und frage laut oder leise, wie du es magst. Und dann spüre und horche in dich hinein.

Was für eine Zahl kommt dir? Und auf welche Weise?

Schritt 0: Es kommt gar keine Zahl.

Schritt 1: Ich bekomme eine Zahl per Gefühl in den Sinn.

Schritt 2: Ich habe eine klare Zahl in Form von Gedanken im Kopf.

Schritt 3: Die Antwort ist glasklar und unerschütterlich.

Schritt 4: Die Zahl wurde mir zugeflüstert.

Schritt 5: Ich höre eine deutliche weibliche/männliche Stimme, die mir die Anzahl mitteilt.

Check

Wie hast du deine Antwort bekommen? Bestimme nun mit Selbstehrlichkeit, wo du stehst. Welcher Schritt trifft auf dich zu? Wie gesagt, es ist völlig wertfrei, wo du stehst. Es ist nur wichtig, dass du genau dort anknüpfen und weitergehen kannst. Du hast gar keine Antwort bekommen? Das macht nichts, definiere einfach deine Zweifel, Glaubenssätze, Blockaden, negativen Gefühle, deine Ängste. Was saß da frech in deinem Kanal und hat die Antwort der Engel blockiert?

Bestimme den Ist-Zustand! Und geh gleich kontrolliert auf den nächsten Punkt zu: Lass dir die Ursache für diese Auswirkung mit dem URZL-Tool rausziehen. Wende die Methode der Engel an, wie ich sie schon erklärt habe. Versuche anfangs noch, die Methode zu lesen und gleichzeitig mit deinem zu lösenden Problem anzuwenden. Aus der Erinnerung heraus könntest du sonst eventuell etwas verwechseln oder vergessen und dann keinen Erfolg haben.

Weiter geht's ... Stell den Engeln die nächste Frage. Hier nochmals zur Erinnerung die unterschiedlichen Formen, in denen dir die Botschaft geschickt werden kann:

Schritt 0: Ich bekomme gar nichts.

Schritt 1: Ich bekomme die Antwort in den Sinn, es ist einfach »etwas plötzlich als Gefühl« da.

Schritt 2: Ich habe einen klaren Gedanken in meinem Kopf.

Schritt 3: Ich habe fließende Sätze in meinem Kopf.

Schritt 4: Ich höre ein leises, innerliches Flüstern.

Schritt 5: Ich höre die Engel innerlich klar, liebevoll, kichernd, so wie die Engel halt sind.

Neue Frage: »Lieber Engel an meiner Seite, wie heißt du?«

Schließe deine Augen und frage laut oder leise, wie du es magst.

Was sagt er dir, wie er gerufen wird?

Schritt 0: Ich empfange keinen Namen.

Schritt 1: Ich bekomme einen Namen per Gefühl in den Sinn.

Schritt 2: Ich habe einen klaren Namen in Form von Gedanken im Kopf.

Schritt 3: Der Name ist glasklar da.

Schritt 4: Mir wurde der Name zugeflüstert.

Schritt 5: Ich höre eine weibliche/männliche Stimme, die mir seinen/ihren Namen mitteilt.

Check

Welchen Namen hat dir dein Engel mitgeteilt? Und wie hat er ihn dir mitgeteilt?

War doch gar nicht so schwer, oder? Die Leichtigkeit ist das Geheimnis. Es ist dir vielleicht sogar für deinen schmack *zu* leicht gefallen. Aber so ist es nun mal, *zu* einfach. Und es darf auch einfach sein. Eventuell noch vorhandene Störenfriede, die deinen Kanal blockieren, entfernst du mühelos mit der am Anfang des Buches vorgestellten Methode URZL – mit deinen Engeln.

Bisher habe ich dir die Fragen vorgegeben, aber du hast bestimmt viele eigene Fragen an deine Engel. Also wende einfach das EHT, das Engel-Hören-Tool an, und während du übst, gehst du innerlich einen geistigen Schritt weiter. Du erreichst also den nächsten Schritt durch das Umsetzen, das wiederholte Fragenstellen an deine Engel. Und während du dich fleißig mit deinen liebevollen Gefährten des Lichts unterhältst, baust du eine Verbindung auf, die dich immer mehr vertrauen lässt. Durch dein Vertrauen in sie sind sie immer besser wahrnehmbar bzw. hörbar.

Übrigens ist meine Methode nicht geschützt. Du kannst sie mit allen deinen Freunden oder auch mit den Menschen in deiner Familie anwenden und sie dabei weitergeben. Das ist sogar sehr erwünscht. Aber du solltest immer auf den freien Willen der anderen achten. Wenn sie von Engeln nichts hören wollen, dann respektiere ihre Sicht und verschwende keine Kräfte und Lebenszeit damit, irgendjemanden zu »bekehren«. Bekehrung ist laut den Engeln nicht gut, weil der freie Wille dabei nicht geachtet wird.

Es gibt übrigens noch einen Schritt 6, bei dem du die Engel im Außen hören kannst. Dieser Schritt erfordert allerdings höchste Freude und Leichtigkeit. Du kannst ihn nur gehen, wenn du ganz unbelastet bist. Probier es einfach mal aus, wenn du dich gerade in einem solchen Zustand befindest. Im nächsten Kapitel werden die einzelnen Schritte noch einmal ausführlicher beschrieben, falls du noch mehr Informationen brauchst.

Engel hören lernen

Für mich selbst war und ist es immer eine Freude, den Engeln zuzuhören. Ob das für meine Klienten auch immer so ist – da bin ich mir nicht so hundertprozentig sicher. Die Engel sagen ihre Anleitungen oder vermitteln ihr Wissen nämlich zwar liebevoll, aber die meisten Klienten rechnen nicht damit, wie klar die Engel sehen und formulieren. Dem kann ich mich nicht entziehen, und so kommt es immer wieder zu Situationen, in denen Klienten irritiert sind, weil ich ihre Situation nicht beschönige und weil ich sie nicht bemitleide oder mich auf ihr Jammern einlasse, wie es sonst im esoterischen Bereich oft der Fall ist.

So ist es durchaus schon vorgekommen, dass mir die Engel gar nichts antworteten, weil sie der Ansicht waren, die Person, die bei mir saß, wolle gar nichts wissen, es sei also sinnlos, ihr irgendetwas zu sagen. Dann musste ich auf meinen Hellsichtigkeitskanal umschalten, um mit dem betreffenden Klienten arbeiten zu können und um ihm ganz sanft seinen freien Willen zu erklären: Er muss selbst hinschauen wollen und das Hinschauen auch selbst praktizieren.

Für die Menschen, die Engel wirklich hören wollen und sich auf dieses Hören auch einlassen, vollzieht sich die Entwicklung in mehreren Schritten, wobei ich gleich zu Anfang sagen will, dass sich diese Schritte in ihrer Qualität nicht voneinander unterscheiden. Ein Schritt ist so gut wie der andere. Jeder, der die Engel hören will, entscheidet letztlich selbst, in welcher Form er sie hören will. Trotzdem sagt die Form, in der die Engel gehört werden, etwas über die Entwicklung des Hörers aus. Und das Tempo, in dem sich die schrittweise Entwicklung vollzieht, ist auch sehr unterschiedlich. Es gibt Menschen, die einen Entwicklungsschritt in zehn Sekunden durchlaufen, wenn man ihnen etwas erklärt. Vielleicht merken sie es nicht einmal. Andere brauchen ein paar Stunden oder Tage dafür. Und wieder andere buchen einen Kurs und arbeiten richtig daran. Für jeden Menschen ist der Weg genau so, wie er ihn braucht. Im Übrigen ist vieles in diesem Bereich auch eine Sache der Tagesform oder der eigenen Schwingung. Wenn du selbst gut in Form bist, wenn du positiv schwingst, dann hörst du die Engel besser als in Situationen, in denen du negativ schwingst. Das klingt erst mal ungerecht, denn gerade wenn ich traurig bin, möchte ich die Engel ja vielleicht besonders gern hören. Aber traurig sein ist nicht gleichbedeutend mit einer negativen Schwingung. Wer in der Ruhe ist, der ist »auf Empfang«, selbst wenn er traurig oder unglücklich ist oder Schmerzen hat.

Im Übrigen gibt es auch Menschen, die die Engel überhaupt nicht hören, sondern lesen. Zahlenmäßig sieht das so aus, dass etwa 80 Prozent der Leute die Engel auf die eine oder andere Weise hören und dass etwa 20 Prozent ihre Botschaften sehen bzw. lesen. Ich habe bei meinem ersten Engelkontakt bei der Engelheilerin beides erlebt, die Stimmen und eine Art goldene Schrift im Raum. Ich war wohl in dieser Situation auf allen Kanälen offen.

Bei Menschen, die ein starkes inneres Bilderleben haben, können die Botschaften der Engel auch in Bildform ankommen. Und bei manchen ist es, als wären sie mit den Engeln per E-Mail oder SMS in Kontakt. Oft haben diese Leute gar keine Lust mehr, auch noch ihr inneres oder äußeres Hören zu schulen, denn es reicht ihnen so, wie es schon ist.

Die Basics: Inneres Gefühl und innere Stimme

Zwei Voraussetzungen müssen gegeben sein, damit die Stimmen der Engel überhaupt wahrgenommen werden können. Ich nenne sie die »Basics«. Zum einen muss der oder die Hörende in der Lage sein, das eigene innere Gefühl wahrzunehmen und ganz klar zwischen einem Ja-Gefühl und einem Nein-Gefühl zu unterscheiden. Das ngt fast zu einfach, aber wenn diese Fähigkeit nicht vorhanden ist oder verschüttet wurde, dann wird es dir auch schwerfallen, die Engel wahrzunehmen oder gar zu erkennen.

Ich fürchte, ich muss an dieser Stelle noch einmal auf das Thema »Selbstverantwortung« kommen. Viel zu viele Menschen geben die Verantwortung für ihr Leben ab: an andere Personen, Institutionen, was auch immer. Sie hören nicht mehr auf ihre Intuition und übernehmen keine Verantwortung mehr für das, was mit ihnen und in ihnen geschieht. Dabei ist es doch ganz klar: Nur du selbst kannst über dich und dein Leben entscheiden. Kein Coach, keine Therapeutin, kein spiritueller Begleiter, keine Heilerin. Nicht einmal die Engel können das, und weil sie das so deutlich sehen, lehnen sie es auch ganz klar ab. Sie alle können dir Ratschläge geben, dich auf Punkte aufmerksam machen, an denen sich Veränderung lohnen würde. Aber entscheiden musst du *immer* selbst. Sei froh, dass du deinen freien Willen hast. Stell dir vor, wie fürchterlich es wäre, wenn immer jemand anderer für dich entscheiden würde.

Die zweite Voraussetzung: Der oder die Hörende muss die eigene innere Stimme kennen und von anderen Stimmen unterscheiden können. Denn wenn das nicht möglich ist, dann kannst du die Stimmen der Engel nicht von deiner eigenen inneren Stimme abgrenzen. Und dann wirst du das, was du hörst oder wahrnimmst, auch nicht richtig verstehen können.

Erster Schritt: Engel-Botschaften empfangen, »plötzlich etwas im Sinn haben«

In einem ersten Schritt berichten Menschen, dass sie plötzlich »etwas im Sinn haben«. Oft wird diese Form des Hörens auch einfach als Intuition bezeichnet. Mir schießt etwas durch den Kopf; ich weiß nicht, woher es kommt, aber es ist ganz eindeutig da und lässt sich nicht mehr vertreiben, auch wenn es eher noch die Form einer diffusen Idee hat. Diese Art des Empfangs von Engelbotschaften hat jeder Mensch. Es kann nur sein, dass er sie als etwas anderes wahrnimmt und gar nicht auf die Idee kommt, es könne etwas mit den Engeln zu tun haben.

Zweiter Schritt: Engel-Botschaften als klare Gedanken empfangen und wahrnehmen

Die Fortführung dieser diffusen Idee »im Sinn« ist der klare Gedanke, als den man die Botschaft der Engel wahrnimmt. Er ist so deutlich, als hätte man ihn wortwörtlich gehört oder irgendwo gelesen und auswendig gelernt – ohne dass dieses konkrete Hören oder Lesen wirklich stattgefunden hat.

Auch diese Form des »Hörens« ist sehr weit verbreitet, durchaus auch bei Menschen, die sich ihres Kontakts mit den Engeln gar nicht bewusst sind. Auf einmal ist der klare Gedanke da, und sie fragen sich, woher er kommt. Ja, sie können sich seine Existenz oder Herkunft gar nicht erklären.

Dritter Schritt: Engel-Botschaften als lange, zusammenhängende Sätze wahrnehmen

Auf dieser Stufe wird schon klar, dass ich es nicht mehr nur mit meinen eigenen Gedanken zu tun habe, sondern mit Worten oder Gedanken, die von außen kommen. Ich werde zum »Kanal«, auf dem jemand von außen sendet. Die Botschaften können mich selbst betreffen, aber auch an andere Menschen gerichtet sein.

Mit dieser Stufe ist im Grunde genommen alles erreicht. Wenn der Kontakt zwischen dir und den Engeln auf diese Weise hergestellt werden kann, erfährst du alles, was du erfahren willst, und du kannst dich sicher fühlen. Es wird dir nichts passieren, es gibt keine Verwirrung, nur Klarheit und ein großes Wohlgefühl. Die weiteren Schritte sind schön, aber nicht unbedingt notwendig, um einen guten, hilfreichen, jederzeit »anzapfbaren« Kontakt zu den Engeln herzustellen und zu halten.

Vierter Schritt: Leise Stimmen und Gekicher hören, zart Geschriebenes innerlich sehen

Die Engel sind grundsätzlich fröhlich gestimmt. Das kann manchmal ziemlich irritierend wirken, vor allem, wenn wir gerade mit echten Problemen kämpfen und die Engel trotzdem tuscheln und kichern. Aber so sind sie. Und der Grund dafür ist durchaus nachvollziehbar, wenn wir bedenken, wie oft es uns passiert, dass wir später, aus dem Abstand heraus, über eine Situation lachen können, die uns wirklich aufgebracht hat, als sie aktuell war. Natürlich haben wir, solange wir in der Situation steckten, die Komik daran nicht sehen können oder wollen. Erst mit etwas zeitlichem Abstand wird der Ärger von heute zur guten Geschichte von morgen. Die Engel haben diesen Abstand aber immer. Sie wissen, dass es keine Zeit gibt, sie schauen von oben auf unsere Situation und können die absurde Komik darin schon jetzt erkennen. Sie sagen uns dadurch: Warte mal ab, hab Vertrauen, hör doch mal auf das, was wir sagen. Und verlier nicht den Humor.

Mir selbst passiert es oft, dass ich das Lachen der Engel höre und zu ihnen sage: »Na, ihr habt es schon wieder gecheckt, ich noch nicht.« Oft lasse ich mir dann von ihnen ein Bild zu der betreffenden Situation schicken, damit ich die Dinge ein bisschen objektiver sehen kann.

Bei all dem ist es wichtig zu wissen, dass der Humor der Engel nie boshaft oder ironisch ist. Sie sind immer fröhlich, liebevoll und gut gelaunt, aber nie schadenfroh, zynisch oder sarkastisch. Wenn du also boshafte, ironische Botschaften empfängst oder wenn etwas negativ oder auch nur doppeldeutig klingt, sei wachsam. So klingen die Engel einfach nicht.

Auf den Punkt gebracht: Alles, was sich nicht stimmig anfühlt, sind nicht die Engel. Da sind wir wieder bei den Basics. Es lohnt sich wirklich, dieses Hineinspüren, dieses Nachfragen: Ja oder Nein? Stimmig oder nicht stimmig? Wenn du das immer wieder übst, wirst du bald unterscheiden können. Fühlt es sich stimmig an? Wenn ja, dann sind es vermutlich die Engel. Wenn nein, dann sind es ganz eindeutig *nicht* die Engel. Dann redet da eine alte Verletzung in dir, dein Verstand, dein Ego oder irgendeine negative Energie. Hör da auf deinen Bauch. Und mach es dir leicht.

Fünfter Schritt: Engel-Stimmen innerlich hören und sehen

Auf dieser Stufe werden die Stimmen ganz deutlich gehört – als Stimmen. Es ist, als führte ich in meinem Inneren eine Unterhaltung mit ihnen oder – Stichwort »Sehen« – würde E-Mails oder SMS mit ihnen austauschen.

Übrigens gibt es männliche und weibliche Engel-Stimmen. Das heißt aber nicht, dass es auch tatsächlich männliche und weibliche Engel gäbe. Die Engel sind im Prinzip androgyn, also männlich und weiblich zugleich. Oder besser gesagt, sie sind eigentlich keins von beiden. Die Spaltung in männlich und weiblich, die es bei uns Menschen gibt, ist bei den Engeln aufgehoben oder eher: Sie hat nie stattgefunden.

Trotzdem sehen und hören Menschen männliche und weibliche Engel. Der Grund ist wohl, dass wir immer das sehen, was wir auch verstehen können. Der Kontakt mit den Engeln soll uns dabei helfen, wieder Vertrauen zum Licht zu fassen und unser Spiel auf der Erde besser spielen zu können. Dazu braucht es viele Möglichkeiten des Sehens und Hörens, und dazu braucht es auch vertraute Bilder. Wir identifizieren uns ein Stück weit mit den Engeln, und da wir nun mal als Frauen und Männer geschaffen sind, sehen und hören wir auch Frauen und Männer – oder Mädchen und Jungen –, wenn wir Kontakt mit den Engeln haben. Man könnte auch sagen, mit ihren Stimmen halten uns die Engel eine Art Spiegel vor. Sie könnten auch auf ganz anderen »Kanälen« senden und würden von sich aus die Sprache gar nicht brauchen. Sie benutzen sie nur, weil *wir* sie brauchen.

Spiegelung heißt aber nicht, dass die Engel bei jedem Menschen mit einer neuen, dem Hörer individuell angepassten Stimme sprechen. Der Engel Michael hat immer und überall die gleiche Stimme, egal wer ihn hört. Oder die Urie (nicht Uriel!): Sie spricht mit einer sanften, weiblichen Stimme, die vielen Menschen sehr tröstlich und mütterlich vorkommt. Ich hatte mal einen Klienten, der mich nach den Namen meiner Engel fragte. Als ich ihm von Urie erzählte, wurde sein Gesicht ganz weich und seine Pupillen ganz groß. »Urie?«, sagte er leise. »Das klingt ... das klingt so vertraut!« Da war wohl jemand wirklich nach Hause gekommen.

Vollendung, aber nicht unbedingt nötig: Engel-Stimmen äußerlich hören und sehen

Das innerliche Hören ist ein bisschen so, als würde man das äußere Hören komplett abschalten. Es ist auch immer noch ein Hören in Gedanken. Das äußerliche Hören ist noch einmal ganz anders. Es klingt ganz genau wie ein Gespräch mit einem anderen Menschen. Am Anfang, wenn es beginnt, klingt es ein bisschen so, als würde man in der Badewanne untertauchen und draußen würde jemand sprechen. Aber dann wird es ganz klar, als hätte sich die Frequenz richtig eingependelt.

Ich unterscheide ganz deutlich, wer da mit mir redet, genau wie wenn mehrere menschliche Stimmen in einem Raum zu hören sind. Und wenn ich die Engel gerade nicht hören will, dann schalte ich diesen Empfangskanal einfach ab. Die Engel bedrängen niemanden, sie sprechen nur mit uns, wenn wir das selbst wollen und wenn wir auf Empfang sind.

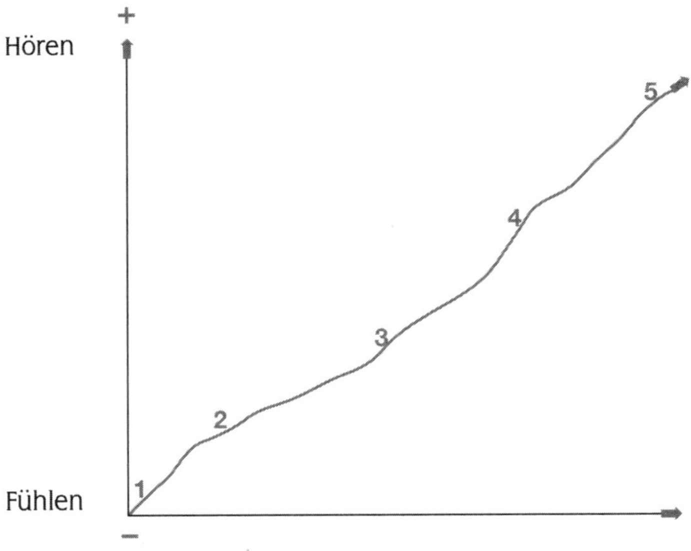

Das Engel-Hören entwickelt sich in mehreren Stufen.

Wie geht es weiter?

Oft werde ich gefragt, ob mir diese intensiven Erfahrungen mit den Engeln nicht zu viel wurden. Dazu muss ich etwas weiter ausholen. Mir selbst war der Kontakt mit den Engeln – alles, was ich da selbst erlebte – nie zu viel. Im späteren Umgang mit Klienten und Kursteilnehmern habe ich lernen müssen, Grenzen zu ziehen und mich auch vor zu vielen fremden Problemen und fremder Energie zu schützen, das durchaus. Denn auch mir wurde ab und zu noch etwas von Klienten gespiegelt, was ich dann gleich geurzlt habe. Ich habe mir also die Ursache für diese Resonanz sofort von den Engeln rausziehen lassen. Aber was ich selbst erlebte, kam immer nur in der Dosierung auf mich zu, die ich gut vertragen konnte. Da war mir die Intensität nie zu groß. Für mich fühlte sich der Kontakt mit den Engeln immer lieblich und friedlich an. Ich habe ihn ohne Ausnahme genossen.

Ich kenne aber von meinen Klienten und Kursteilnehmern auch andere Reaktionen. Sie beginnen, erste Erfahrungen mit den Engeln zu machen, und auf einmal sagen sie: »Nein, jetzt brauche ich eine Pause. Ich muss mal kurz rausgehen und für ein Weilchen in die Realität zurückkehren. Kann das wirklich so schön sein?«

Solchen Klienten oder auch Kursteilnehmern rate ich, sich wirklich ganz bewusst eine Pause zu gönnen. Unser eigenes Empfinden ist immer eine gute Kontrolle, aber viele von uns haben verlernt, darauf zu hören. Und dann rennen wir womöglich weiter und weiter in eine Erfahrung hinein, die uns noch nicht guttut oder die wir noch nicht verkraften können.

Gerne frage ich meine Klienten: »Ist das stimmig für dich?« So helfe ich ihnen, wieder Stück für Stück ihre eigenen Grenzen zu setzen. Manche müssen das erst wieder lernen oder haben es noch nie gekannt. Am Ende steht auf jeden Fall immer ein großes Wohlgefühl. Manchmal muss da genau hingeschaut werden, am besten mit jemandem, der einen gut kennt: Sind da Ängste im Spiel? Gibt es unaufgelöste Probleme oder Traumata, die die Erfahrung riesengroß machen, sodass ich mich davor fürchte? Wehre ich mich gegen die Erfahrung, weil noch andere Themen auf der Tagesordnung stehen, bevor ich sie angehen will? Muss ich erst Probleme vom Tisch bringen, die mich belasten? In was für einem Ist-Zustand befinde ich mich gerade?

Wohlgemerkt: Alle diese Dinge haben sehr viel mit unserem freien Willen zu tun. Wir entscheiden selbst, ob wir uns einer Erfahrung aussetzen, ob wir uns auf einen Weg einlassen. Wir bestimmen selbst, ob ein Problem sich für uns groß oder klein darstellt, ob wir hinhören wollen oder nicht, ob unsere Stimmung gut oder schlecht ist. Auch wenn es sich unbequem anhört, weil wir ganz gern andere Leute und ihr Verhalten für das verantwortlich machen, was mit uns geschieht: Es ist unser freier Wille und unsere eigene Entscheidung.

Die Muster im Kopf, mit denen wir auf unsere Außenwelt reagieren, sind natürlich so verschieden wie die

Menschen. Die Erziehung spielt da eine große Rolle, das gesamte Umfeld, das Lebensalter. Deshalb muss ich als Begleiterin sehr genau darauf achten, an welchem Punkt meine Klienten stehen. Ich kann einen Menschen – um es mit einem Bild zu erklären – nicht auf der Stadtumfahrung von München abholen und nach Berlin »beamen«, das geht einfach nicht.

Und noch ein zweites »Wohlgemerkt«: Mit *Schuld* hat das alles überhaupt nichts zu tun. Ich sage es sehr deutlich: Kein Mensch trägt irgendeine Schuld an seinen Gefühlen. In der Esoterik-Szene ist da immer wieder ausgesprochen lieblos mit Menschen umgegangen worden nach dem Motto: Wenn du Schlimmes erlebt hast, wenn du in deinem Leben sehr viel Böses erlebt hast, wenn du verletzt worden bist – dann hast du dir das alles selbst ausgesucht, bist also selbst daran schuld. Und wenn du krank wirst, dann bist du auch daran selbst schuld, weil du immer so negativ gedacht hast. Ich spitze das bewusst zu, um die Dinge auf den Punkt zu bringen: So darf man niemals mit Menschen umgehen. Es ist lieblos, es macht Menschen kaputt, führt zu Selbsthass und Selbstzerstörung. Wenn du so behandelt wirst, könnte es dich retraumatisieren.

Emotionaler Missbrauch ist immer zerstörerisch. Er führt die Menschen nicht in die Freiheit, sondern in die Abhängigkeit. Solche Muster gibt es in allen religiösen und spirituellen Systemen, und es ist ungeheuer wichtig, sie aufzudecken und sich dagegen zu wehren.

Das muss man gar nicht empfinden, dafür braucht es also auch keine besondere Empfindsamkeit. Man kann es physikalisch nachweisen: Wer jemals Aurafotografien gesehen hat, der weiß, wie kaputt Menschen sein können.

Wer Menschen abhängig und damit kaputt macht, bewirkt genau das Gegenteil dessen, was wir wollen. Denn letztlich wollen wir alle heil und ganz werden. Und dieser Weg führt immer in die Freiheit und heraus aus Angst und Enge.

Und wenn ich nicht in der Lage wäre, Menschen auf einem positiven Weg zu begleiten, indem ich genau dort mit ihnen anfange, wo sie emotional stehen, dann müsste ich mit meiner Arbeit gar nicht anfangen.

Genau das habe ich aber getan. Eines Abends im Urlaub mit meinem Freund lauschte ich den Engeln und merkte mir alles, was sie mir mitteilten. Sie baten mich, der Menschheit Wissen zur Verfügung zu stellen und den Menschen zu zeigen, wie sie selbst wieder in Kontakt mit den Engeln kommen konnten. Als ich aus dem Urlaub zurück war, gründete ich meine Engelpraxis »Bewusste Engelheilung«.

Ich lauschte meinen Engeln und befragte sie zu allem, was ich tat und erlebte. Ob und wie ich einen schönen Raum für die Engelsitzungen bekommen sollte, wie die Kunden mich finden würden, was ich anbieten konnte, in welcher Form, mit welchem Inhalt und so weiter. Die Engel gaben mir damals alles durch. Ich zweifelte nicht und setzte alles um.

Wie du mit deinen Engeln starten kannst

Egal in welchem Bereich, der Start mit deinen Engeln bleibt immer ganz einfach. Du kannst aufgrund deines Engel-Kontaktes und deines Seelenplanes in deinem Herzen einfach alles abrufen und schauen, welche Schritte als nächste dran sind. Dazu mehr in den folgenden Kapiteln.

Spezial: Vom Umgang mit Verstorbenen

Als ich durch den Kontakt mit den Engeln anfing, immer heller zu sehen, wurde auch der Kontakt zu Verstorbenen ganz selbstverständlich für mich. Es hatte manchmal sogar etwas Lustiges an sich, dass ich mich zwischen den Welten der Lebenden und der Toten aufhalten und mich mal mehr für die eine, mal für die andere Seite entscheiden konnte.

Bis dahin hatte ich mit Verstorbenen nicht viel zu tun gehabt. Ich habe als kleines Kind zwar ihre Stimmen gehört, wenn ich am Friedhof vorbeigegangen bin, aber dabei habe ich mir überhaupt nichts gedacht. Angst hatte ich auch keine vor ihnen, und das ist bis heute so geblieben. Es gibt keinen Grund, vor Verstorbenen Angst zu haben.

Als mein Großvater starb, war ich gerade mit Freunden in einer Bar. Er hatte Leukämie gehabt und es war ihm sehr schnell schlechter gegangen. Jedenfalls hörte ich, während ich in dieser Bar saß, plötzlich ganz klar und deutlich seine Stimme: »Kannst du mir helfen?«

Meine Freunde sahen mich ziemlich entsetzt an, als ich zu ihnen sagte: »Wartet mal kurz, mein Opa spricht zu mir«, und mir die Ohren zuhielt, um die Geräusche der Umgebung auszublenden. »Also, Opa, was gibt's denn?«, fragte ich ihn.

»Kannst du mir beim Übergang helfen? Mit deinen Engeln?«

»Ja, stirbst du jetzt?«, fragte ich ganz aufgeregt. »Wohin soll ich dir denn helfen?«

»Ja, ins Licht! Ich sehe es nicht mehr.«

Ich erklärte ihm, wohin er schauen musste und dass dort ein Engel sein müsste, der ihm helfen würde. Dann herrschte einen Moment Stille, und dann sagte er: »Danke.«

Als ich am nächsten Morgen aufwachte, sah ich auf meinem Handy die Nachricht von meiner Mutter. Als ich zurückrief, war meine Schwester am Apparat. »Ich weiß schon, der Opa ist heute Nacht um eins gestorben«, sagte ich ihr. »Er hat sich bei mir gemeldet und sich von mir verabschiedet. Ich habe ihm beim Übergang geholfen.«

In meiner Familie waren alle furchtbar traurig über seinen Tod. Ich kam mir ein bisschen fremd vor, weil ich die Einzige war, die sich freute. Mir war ja klar, wie gut es ihm jetzt ging. Ich habe ihn dann noch alles Mögliche gefragt, damit vor allem meine Oma Bescheid wusste und beruhigt war. Seitdem spricht sie selbst immer wieder einmal mit ihm oder sieht ihn vor sich.

Interessanterweise nehmen es die Herrschaften auf der anderen Seite sofort wahr, wenn da unter den Lebenden jemand aufgewacht ist und offen wird für das Licht. Als hätten sie nur auf eine solche »Kontaktperson« gewartet, sprechen sie einen dann an und bitten darum, ins Licht geschickt zu werden. Als ich mir in München eine neue Wohnung anschaute, war dort gerade der Nachbar gestorben. Da stand er nun in meiner leeren Wohnung, ein bisschen aufgeregt, und wusste gar nicht, was mit ihm los war. Ich habe ihn dann sanft auf den weißen Vorhang zwischen den Dimensionen aufmerksam gemacht, durch den er gehen soll. Und schon war er verschwunden (immerhin hat er sich noch bedankt). Danach musste ich mich erst mal einen Moment sammeln, um mir die Wohnung in Ruhe anzusehen. Aber mit der Zeit gewöhnt man sich an solche Begegnungen.

Wirklich erschreckend war, dass ich die Verstorbenen am Anfang überall sah, und zwar nicht nur Menschen, sondern auch Tiere. Ob in Gebäuden, auf Straßen, Friedhöfen, im Laden oder auf der Wiese: Ständig wurde ich angesprochen und gebeten, sie ins Licht zu schicken. Außerdem war vielen von ihnen offenbar noch das eine oder andere eingefallen, das ich nun ihren Lieben mitteilen sollte. Gelegentlich habe ich mich gefragt, was das denn bitte für eine Art Totenruhe sein soll. Mir kamen diese Verstorbenen eher quietschlebendig vor.

Richtig schlimm fand ich den Kontakt mit toten Tieren. Irgendwann hielt ich den Gestank des Todes im Supermarkt vor dem Kühlregal nicht mehr aus und habe beim Einkaufen einen anderen Weg genommen. Aus einem gewissen Abstand habe ich den toten Tieren dann ein großes, lichtes Tor geöffnet und ihnen erklärt, wie sie ins Licht zurückgehen können. Das ging ganz schnell, und damit ich mitten im Supermarkt nicht so dumm dastand, habe ich oft einfach so getan, als würde ich auf mein Handy schauen und etwas lesen.

Ob es sich um verstorbene Menschen oder Tiere handelte: Die Engel haben mir gezeigt, wie sie wieder in den Frieden fanden, wenn sie sich aus der Zwischenwelt ins Licht erhoben hatten und mit der Schwingung des Lichts und der Liebe verschmolzen. Auf diese Weise wurden sie wieder zu Engeln, wie vor ihrer Geburt. Zumindest manche von ihnen sah ich in Form von lichten Schwingungen in der Nähe der Spielwiesen des Universums wieder.

Ich will hier gar nicht übermäßig ausführlich auf den Kontakt mit Verstorbenen eingehen, obwohl er im Umgang mit den Engeln durchaus eine Rolle spielt. Nur so viel: Verstorbene zu rufen oder Kontakt mit ihnen aufzunehmen ist in keiner Weise schädlich, weder für uns Lebende noch für die Toten selbst. Es stört sie nicht in ihrem Schlaf und fügt ihnen keinen Schaden zu. Wenn du nett anfragst, kannst du mit ihnen genauso normal kommunizieren wie mit einem lebenden Menschen hier auf der Erde. Sie verstopfen dir auch nicht die Kanäle zu den Engeln oder tun sonst irgendwelche schädlichen Dinge.

Und auf jeden Fall sorgt der Kontakt mit Verstorbenen dafür, dass man die Angst vor dem Tod und vor dem

Sterben verliert. Ich glaube heute, dass ich einfach nur in eine andere Dimension gehen werde, wenn es irgendwann so weit ist.

Wie du mit deinen Verstorbenen Kontakt aufnehmen kannst

Wenn du mehr darüber wissen oder es an dir selbst jetzt ausprobieren willst, mach folgende Übung:

Stelle die folgende Frage: »Wer ist von meinen Verstorbenen hier und möchte mit mir reden?«

Welcher Name kommt dir? Wer meldet sich?

Wenn gar nichts kommt, denke daran: Es ist dein freier Wille, dies überhaupt zu wollen. Es ist ähnlich wie bei deinem Engel-Kontakt. Einfach kurz abchecken: Auf welcher Schwingung bist du gerade, wie bekommst du die Antwort? Eigentlich ist das Hören von Verstorbenen eher einfacher als das Hören der Engel.

Frage den Verstorbenen, was du ihn fragen möchtest. Du musst ihn nicht zu dir heranrufen, auf der anderen Seite gibt es keine Beschränkungen des Ortes. Der Gedanke als Resonanz reicht völlig aus. Prüfe anschließend, wie du die Antwort erhalten hast.

Schritt 0: Ich bekomme keine Antwort von meinen Verstorbenen.

Schritt 1: Ich bekomme die Antwort in den Sinn, es ist einfach »etwas plötzlich als Gefühl« da.

Schritt 2: Ich habe einen klaren Gedanken in meinem Kopf.

Schritt 3: Ich habe fließende Sätze in meinem Kopf.
Schritt 4: Ich höre ein leises, innerliches Flüstern.
Schritt 5: Ich höre sie/ihn klar und deutlich.

Du merkst, der Ablauf ist fast der gleiche wie bei der Kommunikation mit den Engeln. Das ist nicht besonders erstaunlich, schließlich ist es ja der gleiche Kanal. Man kann ihn also auch auf die Frequenzen der geistigen Welt einstellen. Wie immer die Botschaft deines Verstorbenen auch kam: Sie sollte dir weiterhelfen und es dir ermöglichen, deine Frage zu klären, Ungeklärtes loszulassen, Frieden zu schließen. Mach dich also nicht verrückt, wenn du noch ein paar Trauma-Energien im Kanal sitzen hast, sondern geh sie mit deinen Engeln an.

Hellsehen und Hellhören entwickeln und damit zurechtkommen

Nachdem ich begriffen hatte, dass das Hellsehen und Heilen meine Berufung war, und meine Praxis eröffnet hatte, erzählte ich in meinem Umfeld ganz euphorisch von meinen Engeln. Ich bot den Leuten an, meinen Kontakt zu nutzen, und tatsächlich gab es viele, die mir und den Engeln vertrauten. Natürlich ging ich nicht wildfremden Menschen mit diesen Dingen auf die Nerven, sondern nur meinem näheren Umfeld, das ohnehin schon mit der Materie vertraut war. Ich bestellte bei den Engeln Klienten, denen ich mit ihrer Hilfe helfen konnte, Selbstheilung und Selbstfindung sowie Selbstverwirklichung umzusetzen.

Und indem ich einfach heller sah und hörte und das ständig praktizierte, entwickelte sich diese Fähigkeit immer weiter.

Das Hellhören war im Grunde gleich da. Ich bin ganz unvoreingenommen zu der Engelfrau gegangen und wollte nichts anderes, als die Engel hören. Deshalb war diese Fähigkeit auch von Anfang an vorhanden.

Und was das Sehen anging: Ich habe auf einmal alles gesehen, alles gleichzeitig. Heute kann ich das ausblenden, und damit geht es mir besser. Am Anfang war mir das nicht möglich. Die Reizüberflutung war manchmal schon sehr stark.

Meine Fähigkeiten verstärkten sich innerhalb kurzer Zeit so sehr, dass ich es mit Menschen, deren Energie eine niedrigere Schwingung hatte, fast nicht aushielt. Aber gerade diese Menschen waren ja meine Klienten! Mein Hellriechen wurde so stark, dass ich Selbstzweifel riechen konnte, bestimmte Krankheiten, ob jemand Fleisch aß … Auf die Dauer war das kaum auszuhalten.

Hinzu kam meine Hellsichtigkeit, die es mir möglich machte, den Verlauf des gesamten Lebens von jedem beliebigen Menschen innerhalb weniger Zehntelsekunden zu sehen. Und ich war der Verzweiflung nahe, wenn ich sah, dass fast alle, die mir auf der Straße entgegenkamen, sich irgendwann aufgeben und nicht zu ihrem wahren

Selbst finden würden. Auch belastete mich sehr, dass ich komplette Abhängigkeitssysteme, Vernichtungspläne, bösartige politische Intrigen und so weiter sehen konnte. Egal, um welches Thema es ging, ich brauchte nur wenige äußere Informationen und sah sofort das ganze Bild. Wenn ich ein Buch im Buchladen sah, kannte ich nicht nur seinen Inhalt, sondern sah auch, was wahr und was falsch war, ob der Autor klar gesehen hatte oder nicht … Kurz: Vor lauter Screenen im Jetzt und in der Vergangenheit, war ich kurz davor, verrückt zu werden, dachte ich.

Doch ich bin nicht verrückt geworden. Stattdessen habe ich gelernt, meine äußeren Sinne dort einzusetzen, wo es sinnvoll ist und der Heilung dient – meiner eigenen oder der von anderen Menschen. Alles andere blende ich in der Regel aus.

Hellsehen in die Zukunft

Zwei der häufigsten Fragen, die mir von Schülern gestellt werden, betreffen das Hellsehen mit Hilfe der Engel: Woran messe ich den Erfolg des Hellsehens in die Zukunft? Und was kann ich dabei falsch machen?

Zunächst kannst du natürlich die falschen Fragen stellen. Wenn du zu allgemein fragst, wirst du Antworten bekommen, die zwar richtig sind, aber unverständlich für dich und den Menschen, der möglicherweise zu dir kommt, um etwas zu erfahren. Wenn du zu detailliert und zu »kurz« fragst, wirst du möglicherweise sogar falsche Antworten bekommen.

Das mit dem »Zu-kurz-Fragen« muss ich genauer erklären. Angenommen, jemand will etwas zu einem bestimmten Thema oder zu einer bestimmten Frage sehen. Dann fragst du von dem heutigen Ist-Zustand ausgehend, also unter den Bedingungen, die heute herrschen. Es ist dann wichtig, den Zeitraum in die Zukunft hinein nicht zu kurz zu wählen. Die Rahmenbedingungen können sich ja ändern, und dann werden auch bestimmte Entscheidungen anders fallen.

Wie auch immer du in die Zukunft hineinschaust, auch dabei spielt der freie Wille des Menschen eine große Rolle. Wenn du weit genug in die Zukunft schaust, findest du möglicherweise Änderungen der Rahmenbedingungen, die zu ganz neuen Erkenntnissen führen. Und wenn du einem Menschen aufgrund dessen, was du siehst, zu einer Verhaltensänderung rätst, wird sich möglicherweise der gesamte Lauf der Ereignisse verändern.

Das geschieht aber natürlich nur, wenn dieser Mensch deinem Rat auch folgt. Und das tun die wenigsten. Menschen, die zu einem Hellseher gehen oder sich wünschen, dass ein anderer für sie die Engel befragt, wollen oft im Grunde keine Selbstverantwortung übernehmen. Das ist dann aber ihr freier Wille, und da kann man leider nichts machen. Was man sehr wohl tun kann: Man kann kleine Lichtimpulse zum Aufwachen schicken, ihnen erst einmal spiegeln, dass sie sich für oder gegen diesen Weg entscheiden müssen, und ihnen sagen, was Selbstverantwortung, freier Wille und freie Entscheidung sind und wie man spirituell wächst.

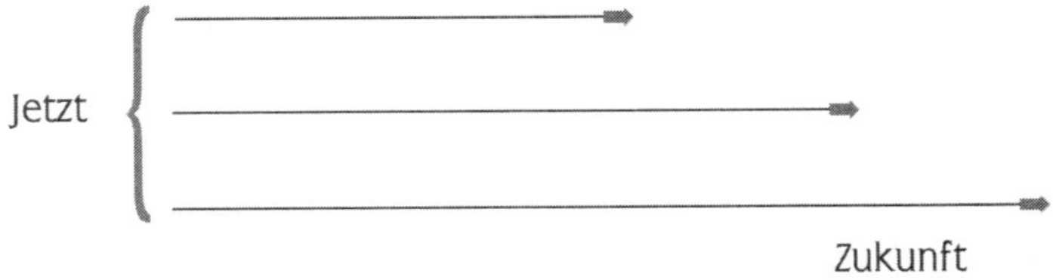

In die Zukunft sehen: Schau weit genug, wenn du wirklich etwas sehen willst.

Ich will dir zu der Grafik noch eine Beispielgeschichte aus meiner eigenen Praxis erzählen. Eine Klientin kam zu mir und wollte wissen, ob sie mit ihrem Freund zusammenbleiben würde. Ich fragte die Engel und schloss die Augen: Werden sie zusammenbleiben? Ich sah ein Ja, die Engel sagten Nein. Ich sagte zu den Engeln im Stillen: »Wieso sagt ihr Nein und mein Hellsehkanal zeigt mir ein Ja?« Sie antworteten: »Na, weil deine Klientin nur kurzzeitig sichergehen will, und so hast du auch hineingesehen.« Das war eine wichtige Information für mich. Die Klientin hatte mich nicht gefragt, wie lange sie mit ihrem Freund zusammenbleiben würde, sondern nur, ob sie zusammenbleiben. Und die Art, wie die Frage gestellt worden war, beeinflusste – wie immer im Leben – natürlich ganz stark die Antwort.

Also neue Frage: »Dann frage ich euch hiermit, wie lange werden sie zusammenbleiben? Ist das besser?«

»Viel besser«, antworteten die Engel. »So kannst du viel klarer sehen.« Und ich bekam im Hellsichtkanal 1,5 Jahre gezeigt. Nach zwei Jahren kam dieselbe Klientin wegen eines anderen Themas zu mir und meinte bei dieser Gelegenheit: »Übrigens hattest du recht damals. Ich bin aber ganz froh, dass die Geschichte dann auseinanderging. Seit zwei Monaten habe ich einen neuen Freund und bin sehr glücklich mit ihm.«

Es ist also von extremer Wichtigkeit, genau herauszufinden, was die Leute wissen wollen, und sie in die Selbstehrlichkeit zu locken. Bei einer anderen Gelegenheit wurde ich von einer Klientin gefragt, ob ich in die Zukunft sehen könne und ob sie jemals schwanger werden würde. Da ich dies aus juristischen Gründen nicht beantworten durfte, sagte ich ihr, sie solle selbst versuchen, die Engel danach zu fragen. Sie bekam ein Ja, ging damit aber nicht freudig, sondern genervt um: »Aber wieso höre ich denn jetzt ein Ja von den Engeln? Ich habe schon so viel unternommen und es ist nichts daraus geworden.« Ich sagte ihr, sie solle vertrauen. Sie reagierte fast ein wenig beleidigt auf mein Vertrauen in die Antwort ihrer Engel. Ein halbes Jahr später kam sie zu einer Einzelstunde nochmals vorbei und war im vierten Monat schwanger …

Mit dem Hellsehen richtig umgehen: Praxistipps

Heute kann ich Abstand halten und akzeptieren, wenn ich bestimmte Dinge beim Hellsehen nicht wahrnehmen will. Heute sage ich: Schön, dass ich das kann, aber ich muss es nicht ständig praktizieren. Schließlich will ich nicht irgendwann durchdrehen vor Reizüberflutung.

Eine meiner Klientinnen, Claudia hieß sie, wollte auch unbedingt hellsehen lernen. Nachdem sie sehr schnell die Engel innerlich hören konnte und wir noch Zeit übrig hatten, fingen wir an. Was sie am meisten interessierte, war das Wohl der Lebewesen auf der Welt. Ich sagte ihr, wie sie innerlich auf die Erde schauen sollte. Während sie erfolgreich die Übungen anwendete, erzählte sie mir, was sie sah, und ich lauschte. Auf einmal stutzte sie und sagte: »Ich sehe gerade, welcher größere Konzern lichter wird und sich überlegt, keine Fleischprodukte mehr zu produzieren und stattdessen auf vegane Produkte umzusteigen. Ich glaube, ich weiß, welche Firma das ist. Unser Nachbar ist der Manager eines großen Konzerns, der Fleisch verarbeitet. Ich kann sehen, dass er bereits dabei ist, die veganen Produkte zu kreieren und ein passendes Layout für die Verpackung auszusuchen.« Nachdem Claudia vollkommen verblüfft darüber war, was sie gerade gesehen hatte, fragte sie mich etwas nervös: »Aber was ist, Friederike, wenn ich mir das Hellsehen jetzt nur eingebildet habe?«

Ich antworte Claudia, dass sich das noch herausstellen wird und wir uns den Widerstand »ich bilde es mir ein« von den Engeln entfernen lassen. Wir urzlten es weg und Claudias Vertrauen wurde wieder ein Stück größer und wir schauten in weitere Bereiche, doch ihre allererste Erfahrung mit dem Hellsehen beeindruckte Claudia nachhaltig.

Ein paar Tage später schrieb sie mir von Zuhause aus: »Du wirst es nicht glauben. Wir waren auf der Gartenparty von dem genannten Nachbar eingeladen und das ganze Essen war vegan. Ich habe ihn darauf angesprochen und ihm gesagt, was ich hellgesehen habe, und es stimmte, was wir in der Ausbildung bei dir gesehen hatten. Ich bin so stolz auf mich, dass ich es durch mein Selbstvertrauen hinbekommen habe.« Ich freute mich für sie. Es erinnerte mich daran, wie oft ich bezüglich normalen, alltäglichen Dingen hellsehe. Hellsehen, also etwas für sich oder andere aufdecken, ist sehr einfach. Die Zukunft sehen dagegen, ist ein größerer Schritt, welcher ein bisschen anders angegangen wird.

Man kann auch Details, Prozesse und ganze Zusammenhänge hellsehen. Dafür muss man aber gezielt in sich selbst hineinfragen, was man sehen will. Claudia zum Beispiel wollte nur Teile der Tiergebiete sehen, die sich in Form von lichten Feldern, zwischen den schwarzen oder grauen Feldern zeigten. Hätte sie etwas detaillierter wissen wollen, hätte sie es super ansehen können.

Ich erwähne dies nur, falls du auch mal Lust auf das Hellsehen bekommst, damit du es bestmöglich anwenden kannst. Am besten ist es übrigens, vom Universum auf die Erde zu blicken, also von außen, und dann ins Detail zu gehen. So sieht man Zusammenhänge sehr gut. Es sieht ein bisschen aus, wie wenn man sich mit Google Earth an einen Punkt auf der Erde heranzoomt, nur viel schöner. Dies gilt auch für alle möglichen anderen Bereiche. Wenn du eine Firma auf ihre Probleme hin hellsichtig analysieren möchtest, dann schaue vom Ganzen ins Detail. So ist es dir auch möglich, die Bereiche alle vor dir zu haben und durchzuscreenen und im Überblick jeweils bei deinen Engeln nachzufragen, wenn dir etwas unklar sein sollte.

Wer anfängt hellzusehen, muss vor allem lernen, zu filtern und auszublenden. Im Übrigen spielt hier auch der freie Wille eine große Rolle. Um Kontakt mit den Engeln aufzunehmen, um auf einer hohen Frequenz zu schwingen und Dinge klar und deutlich wahrzunehmen, muss man sie nicht unbedingt auch mit den äußeren Sinnen sehen, hören oder riechen. Wer das tun will, wer diese Erfahrung gern machen möchte, soll sich mit aller Vorsicht darauf einlassen, am besten gut begleitet. Denn wenn äußere und innere Wirklichkeit zu sehr miteinander verschwimmen, dann ist das unter Umständen gefährlich. Deshalb rate ich dringend dazu, solche Experimente nicht ohne Hilfe von außen zu machen. Warum? Du könntest mit den Informationen, die du bekommst, nicht klarkommen. Also easy, Tiger!

Die Erkenntnis wird nicht größer, das Erwachen nicht intensiver, wenn man Dinge mit den äußeren Sinnen wahrnimmt. Es ist schön, dass es diese Fähigkeiten gibt, aber sie werden nicht unbedingt gebraucht.

Und ganz klar: Die Engel kann ich auch innerlich hören, als innere Stimme. Dazu brauche ich meine äußeren Sinne überhaupt nicht. Und für das Heilen reicht das innere Hören, für Dritte das innere Fühlen und das innere

Sehen ebenfalls vollkommen aus. Inneres Sehen ist vor allem wichtig, weil wir damit in der Lage sind, Ziele zu visualisieren, uns also bildlich vorzustellen, was wir anstreben.

Praxistipps zum Hellsehen

Wenn du für dich entscheiden willst, wie viel Hellsehen du zulässt, dann halte dich am besten an die folgende Anleitung:

- Geh in die Ruhe: Nimm dir Zeit und suche dir eine Umgebung, in der du dich wohl und sicher fühlst.
- Sei selbstehrlich: Spüre in dich hinein, in Kopf, Herz und Bauch. Was ist für dich passend? Was ist stimmig? Möchtest du dich eher auf das Spüren einlassen oder bist du eher ein visueller Typ? Gibt es bestimmte Wege, die du gehen willst?
- Probier was aus: Nicht alles muss funktionieren. Solange es sich gut für dich anfühlt, kannst du weitergehen. Wenn es sich unbehaglich anfühlt, schau genau hin, warum das so ist. Begib dich nicht auf Wege, die dir Angst machen, die sich nicht gut anfühlen, schon gar nicht allein.

Hier noch eine Beispielgeschichte, die dir klarmachen soll, warum das Hellsehen durchaus auch mal mit Vorsicht zu genießen ist.

Ich sorge mich oft um meine Familie. Daher sah ich mit vierzehn Jahren in die Zukunft – in einen persönlicheren Bereich. Irgendwie hatte ich das Gefühl, in das Leben meines Vaters reinschauen zu müssen. Ich sah in seine Zukunft und entdeckte, dass er es vor lauter Arbeit an seinem Herzen kriegen würde. Ich teilte ihm meine Angst mit, aber nicht indem ich ihm direkt das Gesehene eröffnete, sondern indem ich ihm sagte, dass ich ein schlechtes Gefühl hätte, wenn er weiterhin seinen anstrengenden Job als Börsenanalyst und Vermögensverwalter durchziehen würde.

Zwei Jahre später, ich war mit meiner Freundin unterwegs gewesen, kam ich nach Hause, und er war nicht da. Ich rief ihn an und fragte mich, ob er noch was essen oder spazieren gegangen sei. Ich erreichte ihn jedoch nicht. Schließlich ging er doch ans Telefon und erklärte mir, dass er im Krankenhaus sei, weil er Herzbeschwerden habe. Es vergingen Stunden bis er die Diagnose erhielt und ein paar Tage später musste er sich einer Bypassoperation unterziehen. Dies riss mich aus meiner Mitte. In solchen Momenten, wenn man sich erinnert, was man vor Jahren selbst in der Zukunft gesehen hat, wünscht man sich selbst, man hätte den anderen mehr darauf hingewiesen. Doch der Mensch hat seinen freien Willen, ob er es hören und die Sichtweise des anderen betrachten oder ob er in seiner alten Lebens- und Sichtweise bleiben will.

Das ist eine sehr persönliche Geschichte, aber sie soll dir klarmachen, wie extrem sich Hellsehen, sogar Hellfühlen, auf deinen schönen Alltag auswirken kann. Hör dennoch weiterhin auf dein Bauchgefühl. Es warnt dich vor Ereignissen, die dich durchaus auch einmal selbst betreffen könnten.

Nach der kleinen Erfahrung musste ich an die Messungen der Kollektivenergien von einer großen Universität in den USA denken. Die fast gleichmäßige Bewegung des Messgeräts verstärkt sich bei größeren negativen Aktionen, sodass man auf seinen Charts ganz klar ablesen kann, wenn sich negative Gedanken, Haltungen oder eben auch Taten verdichten und schließlich manifestieren. Während meines Zukunftsehens war ich wie dieses Gerät gewesen: sowohl ein Sender und Empfänger in die Welt, bzw. zu meinem Vater, als auch kollektiv mitfühlend, was passieren wird.

Energie und Schwingungen sehen und spüren (und riechen)

Schwingungen kann man jederzeit und immer wahrnehmen. Dafür muss man gar nicht in Kontakt mit den Engeln sein. Es reicht völlig, die eigene Intuition (wieder) entsprechend zu schulen. Jeder Mensch schwingt, sendet und empfängt auf einer bestimmten Frequenz. Und manchmal können wir uns auf die Frequenz eines anderen einstellen oder sind schon darauf eingestellt, und dann empfangen wir seine Schwingungen.

Das passiert ständig, aber vor ein paar Tagen war es besonders deutlich. Ich ging mit einer Freundin, die ebenfalls mit den Engeln in Kontakt steht und ihre Fähigkeit zum Hellsehen ständig erweitert, in ein Café. Am Nebentisch links von uns saß eine Frau, die sehr starke negative Schwingungen aussandte. Sie hatte eine schwere Operation hinter sich und war in ihrem gesamten Leben sehr verunsichert. Meine Freundin spürte es noch stärker als ich. Ihr linker Arm und ihre linke Seite wurden regelrecht taub. Als sie mich fragte, ob ich es auch spürte, musste ich fast lachen. Diese negative Schwingung hatte ich nicht wahrgenommen, denn ich hatte die negative Schwingung und deshalb auch die Resonanz darauf nicht in mir. Bei ihr war das Empfinden wohl deshalb so stark, weil die Unsicherheit der fremden Frau ihre eigenen Unsicherheiten spiegelte, was zu einem spürbaren Taubheitsgefühl führte. Wir haben das Café dann relativ schnell verlassen, denn es war uns – vor allem meiner Freundin – nicht wirklich möglich, uns dort wohlzufühlen. Sie ließ sich dann die Ursache und Auswirkung ihrer Unsicherheiten von den Engeln gleich an der nächsten Ecke rausziehen.

Noch eine zweite Geschichte: Als ich mich während meines Urlaubs auf der Insel Koh Phi Phi befand, saßen wir beim Essen, und ich sagte: »Ich spüre ein Beben.« Ich wurde natürlich schief angeschaut. Ja klar, *die* Schwingung fühlst du jetzt auch noch!

Zwei Tage später, als wir endlich ein Internetcafé gefunden hatten, schaute ich nach, und siehe da: Genau um die Uhrzeit hatte es tatsächlich ein kleineres Erdbeben gegeben. Die einen spüren Schwingungen, die anderen nicht. Jeder wie er will und kann.

So krass muss es aber nicht immer sein. Schwingungen und Energie nehmen wir ständig wahr, und wenn wir uns mit dieser Fähigkeit angefreundet haben, wird sie ein ganz selbstverständlicher Teil unseres Alltagslebens sein. Wichtig ist nur, dass wir lernen, Grenzen zu setzen, und dadurch Sicherheit und Zeit haben, uns die getriggerten eigenen Verletzungen rausziehen zu lassen, um nicht wieder in solch eine Resonanz zu kommen.

Schwingungen und Energie kann man aber nicht nur spüren, sondern auch sehen. Ich selbst scanne Orte, an die ich gehe, durchaus darauf, ob dort positive oder negative Energie wahrzunehmen ist. Und wenn die negative Energie vorherrscht, lasse ich mich dort nur ungern nieder. Ich würde auch nie an einem Ort essen, an dem die negative Energie sehr präsent ist. Natürlich könnte ich dort alles erhellen, per Lichtstrahl in Gedanken, was ich auch sehr oft mache, aber nur für die anderen, die dort im Café sitzen. Im Alltag habe ich nicht unbedingt immer Lust, erst mal das halbe Café zu lichten, bevor ich mich hinsetze. Dann wechsle ich lieber das Lokal und gehe woanders hin.

Als Erstes ist das Sehen von Energie zu nennen. Wer seine Kanäle aufmacht, kann die Energie von Menschen und anderen Lebewesen sehen. Ich sehe sie manchmal, bei bestimmten Leuten ganz hell und licht, bei anderen eher grau wie Autoabgase, in der Luft verteilt oder dicht um bestimmte Menschen konzentriert. Manchmal sehe ich Farben. Starke Energiefelder sind meistens ganz bunt. Das sieht so ähnlich aus wie bei der Aurafotografie, die du vielleicht kennst. Und manchmal sehe ich so viel Licht, dass ich nachts gar keine Lampe anmachen muss. Was aber nicht heißt, dass ich nicht trotzdem über Möbel stolpere …

Das Licht ist auch ein wichtiger Faktor beim Heilen, vor allem von körperlichen Krankheiten oder Beschwerden. Wenn viel Licht, das heißt viel Energie vorhanden ist, kann sie genutzt werden, um Heilung herbeizuführen. Ich selbst habe gute Erfahrungen bei der Heilung von Zysten mit Hilfe von Licht gemacht. Wenn ich in den Körper eines Menschen hineinschaue, zeigen sich die energiegeladenen Teile in Farben. Wo sich eine Krankheit festgesetzt hat, sehe ich schwarz. Und wo eine Krankheit im Entstehen begriffen ist, da sehe ich grau, als wäre die Stelle verpixelt.

Diese Art des Sehens setze ich übrigens nur bei mir selbst ein, nicht am Klienten. Damit würde ich anfangen, Krankheitsdiagnosen zu stellen, und das darf und will ich nicht. Es ist gut, dass es in Deutschland dazu so strenge Regeln gibt, denn die Medizin gehört in die Hände von Medizinern. Es ist nicht nur juristisch verboten, ich empfinde es auch selbst als kriminell, wenn Scharlatane unter den Heilern einem Menschen davon abraten, zum Arzt zu gehen und sich beispielsweise einer Operation zu unterziehen. So etwas passiert aber, wenn Heiler ihre Klienten von sich abhängig machen und ihnen die Selbstverantwortung abnehmen. Wobei es natürlich jede Menge Klienten gibt, die genau das wollen: ihre Selbstverantwortung abgeben. Solchen Leuten sage ich ganz klar, dass ich ihnen *gar nichts* abnehme. Wer saubere Wäsche haben will, muss selbst waschen. Und wer seine traumatischen Belastungen loswerden will, muss seine Selbstheilungskräfte aktivieren, beispielsweise mit Hilfe der Engel, und dann dafür sorgen, dass diese Selbstheilungskräfte auch zum Einsatz kommen, zum Beispiel durch die Engelheilungsmethode. Sonst wird keine Heilung stattfinden, so leid es mir tut. Freier Wille und Selbstverantwortung ist in jedem Körper bzw. Ich vorhanden. Du kannst und darfst sie selbst lenken und steuern. Da hat kein anderer etwas verloren, auch keine Heilerin und kein Heiler.

Nun gibt es aber leider sehr viele Heilerinnen und Heiler, die selbst nicht klar sind und ihrerseits noch sehr viel Heilung nötig hätten. Ich würde sogar so weit gehen zu sagen, dass sich die meisten, die mit dem Heilen beginnen, nur deshalb von diesem Bereich angezogen fühlen, weil sie selbst noch so viel zu heilen haben. Oder anders gesagt: Wer nicht nur eine Begabung, sondern auch den Drang zum Heilen in sich spürt, tut das immer auch ein Stück weit für sich selbst. Da nehme ich mich – zumindest am Anfang meines Weges – gar nicht aus. Die Entscheidung, Heiler zu werden, ist keine »Karriereentscheidung«, sondern ein spiritueller Weg. Ich arbeite immer an mir selbst und an dem Klienten gleichermaßen. Wenn mir ein Klient etwas spiegelt, schaue ich mir das sehr genau an und arbeite mit Hilfe der Engel an der Ursache. Wenn so etwas passiert, bleibt mir gar nichts anderes übrig, als die Trigger-Punkte und ihre Ursachen herausziehen zu lassen. Und oft bin ich dem Klienten ausgesprochen dankbar für die Spiegelung. Wie hätte ich denn sonst feststellen sollen, dass ich noch etwas zu heilen habe?

Das alles muss kein Problem sein, wenn es den Heilern bewusst ist. Wenn sie sich dessen aber nicht bewusst sind, dann wird es gefährlich. Für sie selbst, weil sie das Heilen ungeheuer viel Kraft kostet. Und für die Klienten, weil sie ihnen nicht das geben können, was sie wirklich brauchen.

Die meisten Menschen, die ich kenne und die ganz klar und in ihrer Mitte sind, bewegen sich nicht im Heiler-Umfeld, sondern sind einfach ganz präsent und haben ein großes, offenes Herz, arbeiten aber in einem ganz anderen Bereich. Und ich glaube auch, dass man nicht ein Leben lang Heiler sein muss. Für mich selbst kann ich mir durchaus vorstellen, irgendwann weiterzuziehen und in einem ganz anderen Bereich zu arbeiten. Zu heilen gibt es auch dort genug. Hauptsache, ich hatte die Möglichkeit, die Methode zur Selbstheilung, die ich von den Engeln erhalten habe, weiterzugeben.

Nach den Energien kommen wir nun zu den Schwingungen. Auch diese kann man sehen und natürlich spüren. Und manchmal kann man sie sogar riechen, was durchaus unangenehm sein kann. Erst vorgestern hat meine Schwester mir erzählt, dass sie irgendwann als Kind mit dem Reiten aufhören musste, weil sie von dem Geruch der Pferde Kopfschmerzen bekam. So ähnlich ging es mir auch in der ersten Zeit, als ich meine Fähigkeit zum Hellsehen entwickelte. Ich konnte nicht nur die Schwingungen anderer Menschen riechen, sondern auch die Inhaltsstoffe bestimmter Parfüms. Wenn da tierische Substanzen drin waren, habe ich es fast nicht ausgehalten. Für mich roch das alles nur noch nach Verwesung. Ich war immer mit einem Schal unterwegs, um mich davor zu schützen.

Viel wichtiger ist es aber, auch diese Schwingungen richtig zu nutzen. Das ist im Prozess des Heilens möglich, wenn sich negative Schwingungen in körperlichen Krankheitssymptomen manifestieren. Dann kann man die Engel bitten, mit dem Symptom gleich die entsprechende negative Schwingung und die Ursache herauszuziehen. Und dann wird alles ganz leicht.

Licht und Schwingungen sind letztlich nur Kräfte, die von den Engeln genutzt werden können, um zu heilen.

Licht und Dunkel sehen

Andrea kommt mit ihrer kleinen Tochter Paula zu mir. Die beiden sind sehr lieb, sanft und freundlich, und die Mutter geht wunderbar mit der Kleinen um. Tagsüber ist alles gut, da sind die beiden sich einig, freuen sich aneinander. Paula ist fröhlich und offen, ein Kind zum Verlieben. Nur abends, wenn sie schlafen soll, spielt sich jedes Mal ein Drama ab, das ihre Mutter fast zur Verzweiflung treibt: Paula fürchtet sich entsetzlich im Dunkeln und sieht dunkle Wesen, die unter ihrem Bett sitzen.

Da hilft keine Gute-Nacht-Geschichte, kein Lied und kein Gebet. Es hilft auch nicht, dass Andrea ihrer Tochter immer wieder erklärt, dass es die Monster gar nicht gibt und dass sie sich die hässlichen, dunklen Wesen nur einbildet. Wenn die Mutter demonstrativ unters Bett schaut und sagt: »Da ist keiner«, sitzt die Tochter mit schreckerfüllten Augen oben und schaut sie an, als würde sie denken: Du hast ja keine Ahnung! Als das Thema zur Sprache kommt, habe ich tatsächlich das Gefühl, dass Paula ihrer Mutter in diesem Punkt nicht mehr vertraut.

Das wundert mich nicht. Denn Paula sieht die dunklen Wesen ja wirklich. Sie kann nicht verstehen, warum ihre Mutter zu dumm ist, die Monster wahrzunehmen.

Die Mutter wünscht sich einen Rat von mir. Ich sage ihr: »Es hilft nichts, Sie müssen das ernst nehmen, was Paula Ihnen erzählt. Selbst wenn Sie die Monster nicht sehen, Paula sieht sie. Sie bildet sich das nicht ein. Wenn Sie die dunklen Wesen aus ihren abendlichen Ritualen vertreiben wollen, dann müssen Sie sie tatsächlich vertreiben. Körperlich und so real, wie Sie nur können.«

Ein paar Tage später ruft mich Andrea an. Sie hat sich eine neue Strategie ausgedacht und angewandt – mit großem Erfolg. Sie hat die Tür zu Paulas Zimmer weit aufgemacht, dann die Tür zum Windfang und auch noch die Haustür. Und dann hat sie die Monster hinausgebeten. Sie hat ihnen gesagt: »Ich verstehe, dass ihr euch bei uns wohlfühlt. Aber Paula hat Angst vor euch und kann nicht schlafen. Also bitte, verlasst jetzt ihr Zimmer und kommt auch nicht wieder.« Und Paula hat im Bett gesessen und hochzufrieden hinter ihnen hergeschaut. Dann hat sie befriedigt aufgeseufzt, sich hingelegt und durchgeschlafen bis zum nächsten Morgen.

»Es ist, als wären die dunklen Wesen tatsächlich aus dem Haus gegangen«, sagt ihre Mutter. Sie glaubt immer noch nicht, dass sie jemals da waren. Aber das spielt für mich auch keine Rolle. Hauptsache, Paula hat ihr Zimmer endlich wieder für sich und kann beruhigt schlafen.

Menschen, die in der Lage sind, Licht und Dunkel zu sehen, sollten auch wissen, dass sie das Dunkel jederzeit mit ihrer lichten Energie vertreiben können und dass sie ihr Haus oder ihre Umgebung schützen können. Es gibt keinen Grund, sich vor dunkler Energie zu fürchten. Es gibt aber allen Grund, sich von ihr fernzuhalten.

Zweifel, ein Beispiel für Licht und Schatten

Seitdem ich mit den Engeln an der Heilung und Auflösung alter Verletzungen arbeite – bei mir selbst und anderen –, zeigt sich immer wieder, dass auf jedes gelöste Problem zwei neue, noch zu lösende folgen. Je mehr Licht ich durch die Engel-Antworten in die Welt brachte, desto mehr Schatten kamen zum Auflösen auf mich zu. Ich kam mir vor wie die Auflösungsstelle Nummer 1. Nachdem das eine Weile so gelaufen war, kamen mir natürlich Zweifel, wie die Engel und ich und die wenigen Engelbewussten in dieser Welt das alles jemals schaffen sollten. Zumal es ja sehr oft an der Trägheit und Angst der Menschen scheitert, wenn wir den Versuch unternehmen, die Wahrheit ans Licht zu bringen. Lieber leben die Menschen in ihrem alten Trott weiter und nehmen dafür in Kauf, dass sie krank werden oder sogar früher sterben. Alles ist ihnen lieber, als sich neu zu orientieren und endlich neue Wege zu gehen. Als wäre es ein Naturgesetz, dass wir Menschen uns auf dieser Erde schlecht fühlen sollen. Aber so ist es nicht!

Eines Abends, als ich auf meinem Sofa lag, bekam ich einen neuen Zugang zu unserer Sprache. Das war ganz lustig. Ich sah die Buchstaben in Gold vor mir hin und her hüpfen, bis sich ganze Wörter bildeten. Und das wichtigste Wort für mich war »Zweifel«.

Die Engel zerlegten es und zeigten mir die erste Zerlegung: »Zwei« und »fel«. Sie malten mir innerlich ein goldenes und ein dunkles Feld hin. Ich verstand sofort, was sie mir sagen wollten. Sie versuchten, mir das Wort »Zweifel« bildlich darzustellen und mir auf diese Weise klarzumachen, was es wirklich bedeutet: Zwei Felder, licht und dunkel, positiv und negativ, warm und kalt usw. Dann ging es weiter, jeder Buchstabe bekam eine Bedeutung.

Z = zwischen
W = Welten
E = einsehen
I = Informationen
F = fühlen
E = Energien
L = leben

Um meine eigenen Zweifel aufzulösen, sollte ich zwischen den Welten etwas einsehen, mir Informationen verschaffen und diese fühlen, um dann mit diesen Energien zu leben. Und was durfte ich einsehen? Natürlich die Ursache für meinen Zweifel.

Praxistipp: Wie du erkennst, dass du dich im Zweifel befindest …

… und wie du ihn entfernst.

Der Zweifel ist ein ungutes Gefühl, das sich schlagartig in jede Situation einschleichen kann. Wenn du zu einer Situation nicht uneingeschränkt Ja sagen kannst, ist der Zweifel schon da. Und dann hilft es nur noch, ihn zu entfernen oder sich selbst aus der entsprechenden Situation hinauszubewegen. Zweifel kann nämlich auch ein Warnzeichen sein. Wenn du in einer Situation ein ungutes Gefühl hast, kann es auch sein, dass sie in irgendeiner Weise gefährlich für dich ist. Hör auf deine Intuition, die dir netterweise den Zweifel schickt!

Du entfernst den Zweifel, indem du den Ist-Zustand definierst.

- An was zweifelst du gerade?

Wenn du beispielsweise an dir selbst zweifelst, dir Sorgen machst, dass du etwas nicht hinbekommst oder umsetzen kannst, dann schau als Nächstes nach der Ursache für diesen Zweifel, und zwar nach der allerersten Ursache, nicht nach späteren Spiegelungen, die in deinem Leben vorkamen, um dir zu zeigen, was noch zu heilen ist. Und dann lass dir wie in allen Fällen diese allererste Ur-Ursache herausziehen.

Einen Seelenplan und einen Seelenpartner finden

Wir alle haben einen Seelenplan, mit dem wir geboren werden. Wir machen unsere Pläne, bevor wir uns überhaupt auf den Weg zur Erde begeben. Und wir haben eine Aufgabe, die wir uns vorgenommen haben: in unserer Familie, in unserem gesamten Umfeld. Ich habe mich beispielsweise auf den Weg gemacht, um zu heilen. Dabei waren mir die Tiere und die Natur wichtig, aber auch die Menschen und ihr Bewusstsein.

Diese Aufgaben und Pläne sind ganz individuell und beruhen auf eigener Entscheidung. Das erklärt auch, warum in vielen Familien die Geschwister so unterschiedlich sind. Wer mitberücksichtigt, dass sich hier ganz individuelle Seelen auf den Weg zur Erde gemacht haben, die sich ganz unterschiedliche Aufgaben für ihr Leben vorgenommen haben, der wird sich nicht mehr fragen, warum diese Menschen schon als Kinder und dann auch später als Erwachsene so individuell verschieden sind. Natürlich gibt es Familienähnlichkeiten. Sie sind genetisch bedingt und hängen auch damit zusammen, dass das Umfeld für alle einigermaßen gleich war. Aber die Unterschiede sind trotzdem da. Unser Seelenplan ist nun einmal der Bauplan unseres Lebens, und wir bringen ihn schon mit, wenn wir geboren werden.

Leider vergessen wir diesen Plan eigentlich gleich nach unserer Geburt. Und auf unserem weiteren Lebensweg geht uns immer mehr der Blick dafür verloren, warum wir hier sind. Viele Menschen leiden sehr darunter, dass sie ihren Seelenplan verloren haben. Die Engel können hier sehr gut helfen, den eigenen Seelenplan wieder in den Blick zu nehmen und nach ihm zu leben. Wir alle sind auf die Erde gekommen, um zu leuchten, um positive Energie mitzubringen und zu verteilen, um glücklich zu sein und glücklich zu machen. Und wenn uns mit Hilfe der Engel ein Licht aufgeht und wir den Bereich wiederfinden, in dem wir genau das tun wollen und können, dann ist das ein großes, beglückendes Erlebnis.

Natürlich gibt es viele Menschen, die einfach intuitiv nach ihrem Seelenplan leben und »ihr Ding machen«. Sie sind ein großes Glück für diese Welt und für ihre Mitmenschen. Die anderen, die nicht intuitiv schon wissen, warum sie auf die Erde gekommen sind, tun gut daran, ihre Neugier zu aktivieren und sich mit Hilfe der Engel zu fragen: Warum bin ich denn eigentlich hier? Was wollte ich denn eigentlich tun, als ich auf die Erde gekommen bin?

Die andere Seite der Medaille sieht so aus: Kein einziger Mensch hat den Plan, auf die Erde zu kommen und sich verletzen und traumatisieren zu lassen, krank zu sein, es schwer zu haben und negative Schwingungen auf der Erde zu verbreiten. Wer behauptet, man suche sich ein schlimmes Schicksal oder ein schweres Leben aus, der sollte sich nicht anmaßen, als Heiler oder Therapeut zu arbeiten.

Praxistipp: Wie finde ich meinen Seelenplan?

Du kannst aktiv etwas dafür tun, dass dir dein Seelenplan wieder klar wird.

- Nimm dir Zeit, geh in die Ruhe.
- Möglichkeit 1: Schau dir in einer Art Meditation innere Bilder an, die dich in verschiedenen Situationen zeigen. Diese Bilder werden dir vielleicht erst mal unglaubwürdig oder sogar albern vorkommen, aber sie sind ein wichtiges Material, mit dessen Hilfe deine

Seele hinspüren kann: Was davon kommt mir stimmig vor, was ist vollkommen absurd oder löst sogar Abwehr in mir aus? Alles, was stimmig ist, ist schon mal richtig. Was dir absurd oder gefährlich erscheint, sind Bilder, die von der Angst in deinen Kopf hineinprojiziert wurden. Diese Bilder kannst du getrost beiseitelegen – deine Seele ist schlauer als dein Kopf. Wenn du gar nichts siehst (auch das kommt vor und ist nicht einmal so selten!), dann kannst du dir das Hindernis, das dein Sehen blockiert, von den Engeln entfernen lassen, damit der Kanal wieder geöffnet wird.

- Möglichkeit 2: Nutze deinen Kontakt mit den Engeln und stelle ihnen alle Fragen, die dir zum Thema Seelenplan in den Sinn kommen. Und hab einfach Vertrauen, dass die Engel dir antworten werden. Wenn sie dir nicht antworten, lass dich noch einmal auf die Kontaktübung ein.
- Möglichkeit 3: Richte dich einfach, ohne groß hinzuschauen oder hinzuhören, nach deinem Herzen, und zwar, während du schon auf dem Weg bist. Das ist die Methode für die Intuitiven unter uns, die in ganz großem Vertrauen und ohne Selbstzweifel leben. Alles, was du dafür brauchst, ist Vertrauen in dein Herz und dein Gefühl.

Wenn der Seelenplan erst einmal wieder aufgedeckt ist, dann beginnt ein neues, sehr spannendes Leben. Ich kann anfangen, mich darauf einzulassen, kann neue Pläne schmieden, Dinge bestellen oder abbestellen, kann mir Gelegenheiten und neue Möglichkeiten wünschen und »in den Himmel schreien«, welche Menschen ich mir als Wegbegleiter wünsche. Ich nenne das »Verabredungen treffen«.

Und damit sind wir beim Seelenpartner angekommen. Ich bin davon überzeugt, dass es für alle Lebensphasen den richtigen Seelenpartner gibt, mit dem wir uns vor unserer Geburt, als wir noch im Licht waren, verabredet haben. Es kann sogar (muss aber nicht) sein, dass zwei Menschen ein Leben lang als Seelenpartner füreinander da sind. Dann kann es sein, dass diese Menschen zusammenbleiben, verschmelzen, neue kleine Lichtlein (also gemeinsame Kinder) in die Welt bringen. Aber es kann auch ganz anders laufen.

Das Wissen über unsere Verabredungen mit möglichen Seelenpartnern bringen wir mit auf die Erde, aber es geht uns im Laufe der ersten Jahre und nach den ersten traumatischen Erfahrungen verloren. Und viele Menschen verstricken sich dann so sehr in ihren »Altlasten«, dass sie nicht mehr herausfinden und aus diesem Grund auch ihren richtigen Seelenpartner niemals kennenlernen – weil sie im entscheidenden Moment nicht richtig hinschauen. Es kann auch sein, dass sie aufgrund ihrer traumatischen Belastungen einfach große Schwierigkeiten haben, überhaupt eine Beziehung einzugehen und auszuhalten.

Ganz schwierig wird es dann, wenn ein Partner intensiv an sich arbeitet und der andere nichts tut. Dann kann es sein, dass sich die beiden begegnen und ungefähr auf gleicher Höhe sind, sich einiges spiegeln, aber nur einer schaut hin. Der andere schaut weg und will die Spiegelung nicht sehen. Irgendwann wird derjenige, der hingeschaut hat, dem anderen so weit voraus sein, dass die beiden nicht mehr zusammenpassen. Und dann bricht die Beziehung auseinander.

Ein anderer Fall ist nicht weniger schwierig: Wenn bei all dem Spiegeln gar nichts passiert und die Beziehung stecken bleibt, kann einer der beiden Partner oder können sogar beide richtig krank werden. Das kann in Suchtverhalten münden oder in eine regelrechte Schockstarre, in der gar nichts mehr geht.

Im dritten und allerschönsten Fall führt das Spiegeln dazu, dass immer mehr »Altlasten« geheilt werden, und zwar auf beiden Seiten. Dann wachsen die beiden Partner gemeinsam, und die Beziehung kann über eine lange Zeit weitergehen und immer besser werden. Man fühlt keinen Widerstand mehr zwischen sich. Nur wenn gerade getriggert wird, dann natürlich schon ...

Schau dir diese Beispiele ruhig mal mit großer Selbstehrlichkeit an. Sie können wichtige Hinweise darauf geben, ob du dich in einer gesunden Beziehung befindest oder nicht.

Mit Hilfe der Engel fällt die Suche nach einem Seelenpartner viel leichter. Du kannst einfach darum bitten, dass dir der jetzt, in dieser Situation, der richtige Seelenpartner geschickt wird, und darauf vertrauen, dass er dir begegnen wird.

Wenn die Situation richtig ist und ihr beide auf der gleichen Frequenz schwingt, dann wird bei eurer Begegnung »der Funke überspringen«. Daran erkennt ihr euch. Und dann seid ihr bereit, eine gute Zeit miteinander zu verbringen. Sollte sich die Situation irgendwann ändern, kann es sein, dass ihr auch wieder auseinandergeht. Das ist kein Drama. Für jeden Lebensabschnitt gibt es einen Gefährten. Und es gibt immer Situationen, in denen sich vieles ändert und ein Partner mal auf den anderen warten muss, damit es wieder gut weitergeht. Wenn der Partner aber nicht bereit ist, etwas zu ändern, dann hilft nur eins: in Liebe loslassen.

Eine Freundin von mir, nennen wir sie Silvia, war schon seit der Schulzeit mit ihrem Freund zusammen. Irgendwann passte da aber gar nichts mehr, und sie trennten sich, als Silvia in eine andere Stadt zog. Sechs Jahre später trafen sie sich scheinbar zufällig wieder – und es machte peng. Jetzt war offenbar der richtige Zeitpunkt gekommen. Silvia sagt im Scherz, er hätte sich wirklich weiterentwickelt, aber tatsächlich trifft das natürlich auf beide zu. Heute sind die beiden verheiratet und haben ein Kind zusammen. Eine zweite Chance für die Liebe kann es also durchaus geben. Aber es kann nur funktionieren, wenn man vorher wirklich ernsthaft losgelassen hat und nicht darauf lauert, dass der andere vielleicht zurückkommt. Wer »Wir können doch Freunde bleiben« sagt, der lügt sich selbst in die Tasche.

Es gibt aber auch kleine Begegnungen, die gar nicht den einen großen, exklusiven Seelenpartner betreffen. Es ist immer wieder sehr beglückend, wenn ich einen Menschen kennenlerne und feststelle, wie viel wir gemeinsam haben, wie viel da schwingt, wenn wir zusammen sind. Vielleicht dauert die Begegnung gar nicht lange, trotzdem ist es immer ein großes Glück, solche »Seelenverwandten« zu finden. Es kann aber auch extrem lehrreich sein, denn jeder Seelenverwandte hat seinen Spiegel dabei. Und was er mir spiegelt, das ist für mich immer wieder Anlass, genau hinzuschauen und vielleicht mal wieder ein Thema in mir aufzulösen und zu heilen, genau wie bei allen anderen Begegnungen.

Zu Beginn meiner Tätigkeit in der Engelpraxis habe ich mir beispielsweise gewünscht, ein paar andere Engelfrauen kennenzulernen, die ähnliche Erfahrungen gemacht hatten wie ich. Das waren auch Verabredungen, die längst irgendwann getroffen worden waren und jetzt aktuell wurden. Und es dauerte wirklich nicht lange, da kamen sie: Frau Wunder, Frau Herzel, Frau Engl und Frau Flügel. Das war großartig, ich habe mich sehr darüber gefreut, und es war auch ausgesprochen lustig, als sie auf einmal in meinem Leben auftauchten. Mir war unsere Verabredung natürlich gar nicht bewusst, und hätte ich mir diese Begegnungen nicht »bestellt«, dann wären sie irgendwann im Laufe meines Lebens geschehen, und vielleicht hätte ich gar nicht gemerkt, was für wunderbare, besondere Frauen ich da vor mir hatte und wie viel Nähe wir miteinander erleben konnten. Ich bin sehr froh, dass wir uns so und nicht anders »über den Weg gelaufen sind«.

Meditation mit deinen Engeln

Ich bin mir nicht sicher, ob der Begriff »Meditation« ganz richtig ist. Letztlich geht es nur darum, wie ich zu jeder Zeit und in großer Selbstverständlichkeit mit den Engeln Kontakt aufnehme und mit ihnen rede.

Für viele Leute bedeutet Meditation aber: Ich setze mich hin und tue gar nichts. Ich setze mich auch noch möglichst unbequem hin – warum auch immer. Oder ich lasse mich auf eine von jemand anderem geführte Meditation ein. Da lasse ich mich zu inneren Bildern anregen, gehe auf eine Gedankenreise, ziehe mich für kurze Zeit aus der Welt zurück. Ein kleiner Urlaub für die Seele sozusagen.

In meiner Generation haben diese Formen der Meditation einen Teil ihrer Anziehungskraft verloren. Ich mache trotzdem gern Engel-Meditationen mit meinen Schülern, weil es der ganzen Gruppe guttut.

Eine geführte Meditation für dich und deine Liebsten

(du kannst dir diese Meditation vorlesen lassen oder selbst aufnehmen und abspielen)

Begib dich an einen warmen und sauberen, ruhigen Ort.

Lege oder setze dich bequem hin. Atme langsam durch die Nase ein und wieder aus. Vier Mal ein und wieder aus.

Bitte nun innerlich deine Engel, näher an dich heranzukommen. Fühle, wie sie sanft ihre goldenen Lichtstrahlen auf deinen Kopf lenken und wie dieser goldene Strahl durch deinen ganzen Körper fließt und zu deinen Füßen und Händen wieder hinaus. Du musst nichts tun, nur langsam tief ein- und ausatmen. Dein Körper wird leichter. Alle Energien die du nicht brauchst, entladen sich von allein durch deine Beine und zu deinen Füßen hinaus. Du wirst entspannter und fühlst dich leichter. Je mehr die Engel aus dir rausziehen, umso weniger Widerstand spürst du in deinem Körper. Die Engel heben deinen Körper leicht an. Du schwebst etwa 30 Zentimeter über dem Boden. Ganz sanft tragen sie dich nach oben. Du kannst von oben auf die Wiesen, Wälder, Straßen und Häuser sehen. So beflügelt betrachtest du, wie unter dir alles immer kleiner wird, immer noch kleiner. Du steigst weiter auf, gegebenenfalls durch Wolken hindurch, bis dir die Sonne warm auf den Körper scheint. Unter dir siehst du verschiedene Länder und die Ozeane. Während deine Engel dich tragen, bemerkst du die Erdkrümmung in der Ferne. Sie bitten dich, nun selbst deine Flügel auszustrecken, und du breitest sie aus und fühlst dich leicht, heiter und getragen von deinen eigenen Flügeln. Du fliegst ein Stückchen von der Erde weg und betrachtest die große blau leuchtende Kugel von außen. Alles sieht ruhig, lichtvoll und friedlich aus.

Um dich herum erblickst du plötzlich Myriaden von leuchtenden Sternen. Es glitzert und glänzt und schillert violett. Vor dir siehst du ein riesiges weißes Licht. Du fühlst dich von ihm angezogen. Es strahlt so viel Wärme, Liebe, Frieden, Ruhe und Leichtigkeit aus. Du siehst wie es pulsiert, wie ein Chakra. Sanft lässt du dich in das weiße Licht gleiten. Du fühlst dich immer besser und kannst besser durchatmen. Du bemerkst warum: Dein ganzer Körper wird durchlichtet. Deine Zellen saugen das Licht auf. Um dich herum fühlt sich alles weiter an, unendlich weit.

Du bemerkst einen glasklaren Lichtstrahl vor dir. Du fragst deine Engel, was er zu bedeuten hat, und sie antworten dir: »Das ist der Strahl der Reinheit, wenn du etwas loswerden möchtest, auf körperlicher, geistiger oder seelischer Ebene. Gib diese kleine, dunkle Masse in das Licht und sieh zu, wie es wieder in seinen ursprünglichen Zustand gelangt.«

Du betrachtest, wie es weiß wird und sich in das Licht der Unendlichkeit integriert. Du spürst wie eine Erlösung in deinem Körper, dass dieses Thema aus dir heraus und ins Licht gebracht werden konnte. Du dankst dir und den Engeln sowie dem Lichtstrahl.

Während du dies tust, siehst du plötzlich einen riesigen Kristall. Es kommt dir vor, als wäre er groß wie der Mond. Du fragst deine Engel: »Woher kommt dieser Kristall denn so plötzlich?« Und sie antworten: »Mein Kind, alles Licht manifestiert sich so, wie du es brauchst. Geh zu ihm und frage, für welche Schwingung er zuständig ist.« Du bist neugierig und fragst nach.

Nachdem du erfahren hast, welche Schwingung er besitzt, fragst du dich und dein Herz, ob du ein Stückchen davon annehmen willst. Behutsam fliegst du auf ihn zu und umarmst ihn leicht. Er ist nicht fest, er ist pure Energie. Du fragst deine Engel, wieso Kristalle auf der Erde so feste Materie sind. Sie erklären dir, dass alles auf Erden ein Spiegel unseres Ursprunges ist. Und je nachdem, wie man das Licht channelt und in sich wiederentdeckt, manifestiert es sich im Außen: als unsichtbare, leichte Materie oder als festere Materie. In der dritten Dimension bekommen alle Schwingungen eine materielle Existenz.

Du siehst einen grünen Strahl neben dir aufblitzen. Smaragdenes, unvergleichbar klares Grün leuchtet neben dir auf. »Ich bin es, Raphael«, ertönt eine angenehme Stimme. Du siehst ihn plötzlich vor dir und bist überwältigt. Er lächelt dich voller Güte an. »Mein Lichtwesen der Erde«, sagt er, »ich möchte dir helfen beim Finden einer Antwort auf deine Frage, die du schon so lange stellst.« Du kannst dich überhaupt nicht mehr erinnern, aber plötzlich dämmert dir eine Frage, auf die du schon länger eine Antwort haben möchtest. Du wendest dich dem Engel zu und stellst sie. Raphael antwortet, lausche …

Du nimmst die Antwort an. Die Engel sagen dir, es ist Zeit, wieder umzukehren, und du hast viel Freude beim Herausfliegen aus dem weißen Licht. Du schwingst, drehst dich und purzelst in Windeseile durch die Sternenlandschaft.

Angekommen auf einer großen weißen Sternenstaubrutsche, die mit den schönsten Edelsteinen besetzt ist, saust du in Richtung Erde zurück. Vor dir siehst du sie strahlen. Du lässt dich mit deinen Engeln, freudig von deinen Flügeln getragen, nach Hause plumpsen. Vor dir siehst du das Meer und die Länder wieder klarer und schwingst dich langsam zu deinem Körper, in den du dich in Stille und Achtsamkeit hineinsenkst. Du reckst und streckst dich und kommst wieder ganz auf der Erde und in deinem Körper an.

Meditation im Alltag

Die Schwingung der Engel, die meditative Schwingung kann ich nicht nur aufnehmen, wenn ich mich auf ein Bänkchen oder Kissen setze oder auf einer Matte liege und schweige. Ich kann sie auch in meinem Alltag erleben: beim Spazierengehen, beim Tanzen oder Musikhören, auf meinem Weg durch die Fußgängerzone, am Küchentisch bei einem in Ruhe genossenen Becher Tee. Oder im achtsamen Gespräch mit einem anderen Menschen. Genau da, wo ich bin, kann ich meditative Schwingung erleben – wenn ich offen dafür bin und mich nicht mit Hektik und negativen Gedanken dagegen verschließe oder in Resonanz mit störenden Faktoren gehe.

Du musst Meditation also nicht von deinem sonstigen Leben abtrennen. Auch eine gute Arbeit kann dich in meditative Schwingung versetzen, die es dir ermöglicht, mit dir selbst und mit den Engeln in Kontakt zu sein. Schon vor Jahrzehnten hat der Psychologe Mihály Csíkszentmihályi entdeckt, dass Menschen, die in einer Arbeit so sehr aufgehen, dass sie sich für eine Weile selbst vergessen, einen ungeheuer glücklichen Zustand erleben. Er nannte das »Flow«. Wenn du im »Flow« bist, brauchst du keine Meditation.

Alltag haben wir genug. Meditation muss alltagstauglich sein, sonst wird sie irgendwann ihre Wirkung verlieren, einfach weil du keine Lust mehr dazu hast.

Falsche und richtige Glaubenssätze erkennen

Zunächst einmal ist mir eins ganz wichtig: Niemand kann etwas für die Glaubenssätze, die sich in seinem Gehirn verankert haben. Es ist also niemand »selbst schuld« an dem, was ihm da im Kopf herumspukt. Alles, was sich in unserem Kopf verfestigt und zu schlechten Gedanken oder Krankheiten wird, ist die Folge von traumatischen Erlebnissen. Das müssen nicht unbedingt eigene Erlebnisse sein, es gibt auch traumatische Erlebnisse, die von einer Generation zur anderen weitergegeben werden. Krieg, Angst, Vertreibung, Flucht, Gewalt ... All das prägt sich so tief in den Menschen ein, dass sie es sogar an ihre Kinder und Enkel weitergeben, als hätte es sich in ihrem Erbgut festgesetzt. Gut, dass die Forschung mittlerweile diese offensichtliche Tatsache anerkennt.

Bei den Glaubenssätzen verfestigen sich Störungen, die ganz grundsätzliche Themen betreffen. Sie sind dann nicht nur in Form von Gefühlen gespeichert, sondern in richtigen, festgefügten Sätzen – wie eingemeißelt.

- Ich bin nichts wert.
- Ich bin ein Freak.
- Ich bin böse.
- Ich bin faul.

Beispiele für die Heilung von negativen Glaubenssätzen mit Hilfe der Engel

Viele Klienten kommen mit solchen negativen Glaubenssätzen zu mir. Um sie zu heilen, wenden sie stets das URZLn (Ursachen rausziehen lassen) an. Erkennst du dich in den von meinen Klienten netterweise zur Verfügung gestellten Sätzen wieder? Ich habe sie mit ihren Ursachen hier aufgelistet.

Dazu noch zwei Hinweise:

- Auch wenn dein Glaubenssatz genauso klingt, wie die unten aufgeführten Beispielsätze, kann die Ursache eine völlig andere sein.
- Bei manchen sehr traumatisierten Menschen darf erst einmal einiges abgetragen werden, bevor sie eine Wirkung spüren. Sie entfernen z. B. zwanzig negative Denkweisen innerhalb von zwei Tagen, merken dann aber auch gleich einen größeren Effekt, nicht nur die kleinen Erleichterungen von Auflösung zu Auflösung zwischendurch.
- Wenn du unter starkem Druck gestanden hast, kann es sein, dass sich nach der Auflösung gleich noch ein paar ähnliche Punkte in deinem Körper melden. Es

fühlt sich zwar leichter an, aber da ist noch etwas. Meistens sind es Punkte wie: Ich stehe unter Druck, ich fühle mich angespannt, ich stehe unter Strom.

Glaubenssatz/Ist-Zustand: Ich verdiene zu wenig Geld.
Ursache: Vor fünfzehn Jahren ging der Klient aus einer festen Anstellung in die Selbstständigkeit. Das war finanziell ein schlechter Tausch, 6 000 netto gegen 1 000 netto. Seitdem ist er wie gelähmt durch dieses Trauma.

Glaubenssatz/Ist-Zustand: Ich kann nicht so leben, wie ich will.
Ursache: Die Klientin konnte sich nach einer Firmenpleite nicht mehr das leisten, was ihr für ihre Gesundheit und Lebensfreude wichtig war.

Glaubenssatz/Ist-Zustand: Ich muss perfekt sein, darf keine Fehler machen.
Ursache: Der Vater der Klientin stellte an sich und die Kinder zu hohe Ansprüche.

Glaubenssatz/Ist-Zustand: Ich muss hässlich wohnen, sonst sind meine Eltern neidisch auf mich.
Ursache: Die Eltern des Klienten haben schon immer jeden beneidet, der im Außen Schönheit lebte. Das hat ihn seit jeher blockiert. (Übrigens kaufte er sich nach der Auflösung dieses Glaubenssatzes endlich eine komplett neue Einrichtung, auf die er schon seit Jahren gespart hatte.)

Glaubenssatz/Ist-Zustand: Ich darf nicht laut atmen.
Ursache: Die Klientin musste sich als Kind immer leise verhalten, sonst hätte sie Ärger bekommen. Sie war sich nicht sicher, warum sie überhaupt existierte.

Glaubenssatz/Ist-Zustand: Ich muss meinen Atmen kontrollieren und prüfen, ob ich gleich sterbe oder nicht. Ich muss alles kontrollieren, permanent in meinen Körper hineinfühlen, ob ich nicht gleich sterbe.
Ursache: Die Stiefmutter hatte dem Klienten damit gedroht, ihn umzubringen, obwohl er ein stilles, liebes Kind war. Wenn die Erinnerung daran hochkam, fühlte er sich wie in Lebensgefahr.

Glaubenssatz/Ist-Zustand: Ich werde bald sterben.
Ursache: Die Klientin war über Jahre hinweg einem sehr bösartigen Kindermädchen ausgeliefert, das sie in Todesangst versetzte.

Glaubenssatz/Ist-Zustand: Ich kann nur dann etwas leisten, wenn ich unter Druck stehe. (Der Klient litt ständig unter Herzrasen und spürte seine Füße manchmal nicht mehr.)
Ursache: Starker Druck durch die Eltern über viele Jahre hinweg, vor allem in der Zeit auf dem Gymnasium.

Glaubenssatz/Ist-Zustand: Ich bin gestresst.
Ursache: Die Eltern der Klientin hatten immer unter Stress gestanden, ob es um den Haushalt, das Einkaufen

oder die Kinder ging. Selbst im Urlaub hatte das »Generve« nicht aufgehört.

Glaubenssatz/Ist-Zustand: Mein Herz ist mir egal.
Ursache: Die Klientin hatte seit ihrer Schulzeit eingetrichtert bekommen, dass sie sich nur auf ihren Verstand verlassen könne. Das Herz und alles, was mit Emotionen zu tun hatte, galten als lästig und unwichtig.

Glaubenssatz/Ist-Zustand: Ich darf nicht geheilt werden.
Ursache: Die gesamte Umgebung des Klienten war darauf eingestellt, nur der Schulmedizin eine Bedeutung zuzumessen.

Glaubenssatz/Ist-Zustand: Ich glaube nicht an die Möglichkeit einer Heilung.
Ursache: Der Klient hatte schon als Kind viel darüber gehört, dass nur Ärzte wirklich heilen können und alle anderen geldgierige Scharlatane seien.

Glaubenssatz/Ist-Zustand: Ich darf keine Heilung erwarten.
Ursache: Die Klientin war sich selbst nichts mehr wert, seit sie gegen sich gehandelt hatte. Seit sie in der zehnten Klasse war, hatte sie das Gefühl, ihr fehle die Luft zum Atmen. Vor allem ihre Eltern machten ihr Druck, ohne Abitur sei sie nichts wert, sie müsse sich in der Schule mehr anstrengen. Tatsächlich schaffte sie das Abitur nicht und dachte seitdem, sie sei vollkommen wertlos.

Glaubenssatz/Ist-Zustand: Ich blockiere die Heilung lieber, bevor ich sie jetzt erhalte. Ich habe sie nicht verdient.
Ursache: Die Klientin kam mit einem regelrechten Selbsthass zu mir. Sie hatte eine fürchterliche Kindheit gehabt mit Misshandlungen und Missbrauch. Am Ende wollte sie sich gar nicht mehr an alle Situationen erinnern, sondern ließ sie sofort mit Ursachen und Folgen herausziehen.

Glaubenssatz/Ist-Zustand: Ich darf mich nicht entspannen.
Ursache: Der Klient durfte als Kind nie tun, was er wollte. Er musste immer gehorchen und alles andere tun, nur nicht das, was er tun wollte. Dadurch war er permanent angespannt.

Glaubenssatz/Ist-Zustand: Mir darf es nicht gut gehen, sonst stehe ich über den anderen.
Ursache: Schon die Eltern des Klienten ließen es sich nie gut gehen, sondern hielten Menschen für überheblich, die ihr Leben genossen. Er übernahm diese Denkweise.

Glaubenssatz/Ist-Zustand: Ich werde immer im Stich gelassen.
Ursache: Die Mutter des Klienten hatte ihn als Baby täglich abgegeben. Er hatte Angst und wollte bei ihr sein. Und er war überzeugt davon, dass dies seine große traumatische Erfahrung war.

Glaubenssatz/Ist-Zustand: Ich fühle mich in allen möglichen Situationen bedroht.
Ursache: Der Klient wurde von seinem Vater schon als kleines Kind geschlagen. Seine Mutter schaute nur zu. Er fühlte sich schon durch die bloße Anwesenheit des Vaters – und später auch in allen möglichen anderen Situationen – bedroht.

Glaubenssatz/Ist-Zustand: Fremde Menschen sind gefährlich. Man muss Angst vor ihnen haben.
Ursache: Die Klientin wurde in ihrer Kindheit von ihrer Stiefmutter geschlagen und permanent bloßgestellt. Menschen, die ähnliche Schwingungen aussandten wie ihre Stiefmutter, machten ihr besonders Angst.

Glaubenssatz/Ist-Zustand: Ich habe noch so viel zu heilen, das schaffe ich nie.
Ursache: Die Klientin sah die zahlreichen Traumata aus ihrer eigenen Kindheit, aber auch aus der Vergangenheit in ihrer Familie und wurde ganz mutlos.

Glaubenssatz/Ist-Zustand: Ich nehme mir keine Zeit und Ruhe zum Atmen.
Ursache: Einige Situationen in der Kindheit waren andauernd gestört durch die Eltern, die sich nie Zeit für sich selbst nahmen und den Klienten schon damals aus seiner Mitte brachten.

Glaubenssatz/Ist-Zustand: Ich darf mir nichts gönnen.
Ursache: Der Vater der Klientin gönnte sich nie etwas. Das behinderte sie so sehr, als würde dieses Denken sie energetisch beherrschen.

Glaubenssatz/Ist-Zustand: Ich lasse mir alles auf den Magen schlagen und ändere einfach nichts.
Ursache: Der Klient hatte die Tatsache als selbstverständlich angenommen, dass er sich in vielen Situationen als Kind nicht hatte wehren können. Die Hilflosigkeit war ihm zur zweiten Natur geworden.

Glaubenssatz/Ist-Zustand: Ich stehe nicht zu mir.
Ursache: Die Klientin erinnerte sich, dass ihre Mutter nie hinter ihr gestanden hatte. Dadurch fühlte sie sich wertlos und stand nicht mehr hinter sich und ihrem großartigen Selbst.

Glaubenssatz/Ist-Zustand: Ich mache mich kleiner als ich bin, auch für andere.
Ursache: Die Klientin wurde als Kind immer fertiggemacht und kleingehalten. Immer hieß es, du bist nichts, du kannst nichts … So vergaß sie vollkommen, wie es ist, zu leuchten.

Glaubenssatz/Ist-Zustand: Keiner schätzt, was ich tue.
Ursache: Die Mutter der Klientin machte alles schlecht, was sie tat. Irgendwann wagte sie gar nicht mehr, etwas auszuprobieren oder umzusetzen, und schätzte sich selbst

nicht mehr. Damit zog sie Menschen an, die sie ebenfalls gering schätzten. Dies war aber nur eine Spiegelung, um sie darauf aufmerksam zu machen, was ich noch heilen konnte.

Glaubenssatz/Ist-Zustand: Ich darf nicht tun, was mir wirklich Spaß macht.
Ursache: Der Klient hatte ein Leben lang, vor allem in seiner Kindheit, nur Menschen – Eltern, Lehrer, Erwachsene ganz allgemein – um sich gehabt, die missmutig und ohne Spaß ihrer Arbeit oder zu Erledigendem nachgingen. Kein Wunder, dass er das für den Normalzustand hielt.

Glaubenssatz/Ist-Zustand: Ich bin verletzt und zu nichts fähig.
Ursache: Die Ehe der Klientin hatte sich in den letzten Jahren sehr verschlechtert. Sie fühlte sich wie gelähmt. Im Gespräch kamen wir darauf, dass sie schon als Schülerin solche Ohnmachtsgefühle gekannt hatte, wenn etwas schlecht lief.

Glaubenssatz/Ist-Zustand: Ich lasse mich von anderen Menschen besitzen.
Ursache: Der Klient war als Kind seinem Stiefvater und dessen Attacken hilflos ausgeliefert. Es war, als wäre er sein Eigentum.

enssatz/Ist-Zustand: Ich lasse mich ausnutzen.
he: Die Klientin hatte sich als Kind darauf verlegt, sich Liebe und Aufmerksamkeit durch ihre Hilfsbereitschaft quasi zu erkaufen.

Was können wir gegen solche festgefügten Glaubenssätze tun? Wir müssen sie zunächst einmal erkennen und identifizieren.

Hast du dich in meinen Klienten und deren Fallbeispielen wiedererkannt? Stell nun, am besten mit Hilfe eines Menschen, der dich gut kennt oder sich gut in dich hineinfühlen kann (einem »netten Spiegel« sozusagen), fest, welche negativen Glaubenssätze sich in deinem Kopf verfestigt haben. (Suche dir bitte niemanden als Spiegel, der dich dafür auch noch beschimpft oder fertigmacht!) Bitte dann die Engel, diese Glaubenssätze herauszuziehen, und zwar – das ist ganz wichtig! – mitsamt der Ursache. Du sagst also zu den Engeln: »Diesen Glaubenssatz brauche ich nicht mehr. Ich weiß, er hat eine Ursache, sonst wäre er ja nicht da. Bitte zieht ihn mitsamt der Ursache und all dem Schaden, den er angerichtet hat, aus mir heraus und nehmt ihn mit.« Wenn du die Ursache unbedingt wissen möchtest, wende bitte die ganze URZL-Methode an.

Negatives und positives Denken

Es gibt andere Arten, mit negativen Glaubenssätzen umzugehen. Im spirituellen Coaching wird versucht, die negativen Glaubenssätze selbst umzudenken und positiv zu wenden. Ich habe vieles ausprobiert und bin zu de Schluss gekommen: Die Leute, die ihre negativen Glau benssätze ganz einfach voller Vertrauen den Engeln hinhalten und sagen: »Bitte nehmt sie mit«, die haben auf die Dauer den meisten Erfolg.

Bei mir funktioniert das Umdenken oder Dagegendenken zwar auch, aber nur so lange, bis die Ursache wieder getriggert wird. Manchmal interessieren mich die Ursachen, bevor sie rausgezogen werden, manchmal auch nicht. Es ist aber eher meine persönliche Neugier, die da befriedigt wird. Und Selbstehrlichkeit ist natürlich immer wichtig, wenn ich mir die Ursachen anschaue. Indem ich dagegen andenke, gebe ich dem negativen Glaubenssatz jedoch viel zu viel Macht und Raum. Deshalb ist es mir wichtiger, den Engeln zu sagen: »Nehmt das mit, ich brauche es nicht mehr. Und nehmt bitte die Ursache und die negative (Schock-)Energie, die sich in mir angesammelt hat, auch mit.«

Eine Variante dieses Dagegendenkens sind Affirmationen. Sie funktionieren leider überhaupt nicht als Methode zum Auflösen negativer Glaubenssätze. Sie funktionieren aber sehr wohl, wenn du herausfinden willst, wo du gerade stehst. Wenn du nicht in der Lage bist, einen positiven Satz über dich vorbehaltlos auszusprechen, dann ist das ein Zeichen dafür, dass und wo etwas nicht stimmig ist.

Aber Affirmationen ohne eine Auflösung der Ursachen, die negative Glaubenssätze immer haben, bringen dich keinen Schritt weiter. Was soll dabei herauskommen, wenn jemand in seiner Wohnung ein Plakat aufhängt, auf dem steht: »Ich bin eine schöne Frau und liebe mich bedingungslos«? Solange diese Frau die Ursachen für ihre negativen Glaubenssätze nicht aufgelöst hat, wird ihr dies Dagegenandenken nichts anderes bringen, als Krampf und ein gewisses Maß an selbst gemachter Lächerlichkeit. Irgendwie ist es, als würdest du hübsche Blumen in deinen Vorgarten pflanzen und der böse Nachbar käme jeden Tag wieder vorbei und stellte seine Mülltonne drauf.

Erst wenn wir es wirklich fühlen, können wir es auch überzeugend rüberbringen, wenn wir es uns sagen. Wenn wir etwas sagen, was wir nicht wirklich fühlen, lügen wir uns ganz erbärmlich in die eigene Tasche. Mit Selbstehrlichkeit hat das alles nichts zu tun, und ohne Selbstehrlichkeit kann Heilung niemals stattfinden.

Sich Selbst Heilen

Wie entstehen Störungen und Krankheiten?

Bevor wir darüber sprechen, wie du dich selbst mit Hilfe der Engel heilen kannst, will ich ein paar grundlegende Dinge darüber sagen, wie Krankheiten und Störungen laut meinen Engeln entstehen. Denn genau dort setzt ja die Heilung an.

Dabei sind zwei Prinzipien ganz wichtig. Sie sind tatsächlich so wichtig, dass ich sie schon fast als Naturgesetze bezeichnen möchte: das Spiegelgesetz und das Resonanzgesetz. Wer sie versteht, der kann sich auch ganz einfach auf die heilende Kraft der Engel einlassen.

Das Spiegelgesetz

Stell dir vor, du spazierst ganz einfach durch dein Leben und spürst plötzlich, dass du dich über irgendetwas aufregst, dass dich irgendetwas stört. Das kann eine kleine, harmlose Störung sein. Es kann aber auch sein, dass eine Erfahrung, ein Erlebnis, das Zusammensein mit einem anderen Menschen, eine Situation im Beruf oder in der Familie dich regelrecht krank macht. Wann immer das passiert, kannst du davon ausgehen, dass dir etwas »gespiegelt« wird.

Alles, was mich am anderen stört, ärgert, aufregt und in Wut geraten lässt, alles, was ich anders haben will, das habe ich selbst in mir. Alles, was ich am anderen kritisiere und bekämpfe oder verändern will, unterdrücke, bekämpfe und kritisiere ich in Wahrheit in mir und hätte es gern anders.

Es gibt auch sehr schöne, angenehme Spiegelungen. Alles, was mir am anderen gefällt, was ich an ihm liebe, bin ich selbst und habe ich selbst in mir. Genau deshalb liebe ich es im anderen. Ich erkenne mich selbst im anderen, denn wir sind in diesen Punkten eins.

Aber in der Regel brauchen wir Menschen erst einmal einen unangenehmen Stupser, um aufmerksam zu werden.

So eine Spiegelung ist also nichts anderes als ein Hinweis: Schau mal genauer hin. Da ist etwas, was du genauer ansehen, einsehen und heilen solltest.

Dazu eine Geschichte von meiner Klientin Martina. Mit ihrem Exfreund hatte sie viele solche Spiegelungen erlebt. Sie hatten sich wirklich sehr gern, waren ein Stück weit Seelenverwandte – aber sie trugen beide noch so viele Verletzungen aus ihrer Kindheit mit sich herum, dass sie sich ständig sehr unangenehme Dinge spiegelten. Auf die Dauer konnte das nicht gut gehen, und schließlich haben sie sich getrennt, weil meine Klientin sich irgendwann aus den alten Verletzungsmustern gelöst hatte und danach für ihn nicht mehr als Spiegel »funktionierte«.

Das ist der Normalfall: Menschen spiegeln sich gegenseitig Dinge und suchen sich in der Regel einen »Spiegelpartner«. Das kann ein Liebespartner sein, muss aber nicht, auch Kolleg(inn)en im Beruf oder Freund(inn)en sind Spiegel, die ähnliche Erfahrungen gemacht haben. Die Muster sind auf beiden Seiten dieselben, nur die Rollen sind unterschiedlich. Wir können eine Täterrolle übernehmen, eine Opferrolle oder eine Helferrolle. Und die Frage, welche Rolle wir spielen, ist nicht an unsere Person gebunden, sondern an die Situation. Es kann also durchaus sein, dass ein schlimm verletzter Mensch in der einen Situation oder Beziehung zum Täter wird, in einer anderen Situation oder Beziehung aber zum Opfer. So erklärt sich zum Beispiel, warum Menschen, die extreme Gewalterfahrungen gemacht haben, auf der einen Seite dazu neigen, selbst gewalttätig zu werden, auf der anderen Seite aber auch immer wieder in Gewaltsituationen geraten können.

Bei Martinas Freund war es so, dass seine Eltern ihn als Kind sehr oft bloßgestellt hatten. Sie hatte etwas Derartiges auch erlebt. Bloßstellung war also ihr gemeinsames Thema. Die Auswirkungen waren alles andere als schön, denn sie übernahmen beide eine ganz klare Rollenverteilung: Er wurde zum Täter, sie zum Opfer. Und jedes Mal, wenn er sie in Gegenwart anderer Leute bloßstellte, sie sich beide triggerten – und das kam häufig vor –, geriet sie noch tiefer in diese Opferrolle hinein. Sie fühlte sich im ersten Augenblick wie gelähmt, konnte gar nicht reagieren. Und danach hat sie jedes Mal lange unter den quälenden Erinnerungen, Flashbacks des aktivierten Traumas (Schockenergie) aus der Kindheit gelitten. Außerdem gab es natürlich immer wieder heftigen Streit wegen solcher Situationen. Doch das änderte nichts, das Muster trat immer und immer wieder auf.

Entsprechend lange hat sie gebraucht, um sich aus dieser Verstrickung zu befreien, und zwar dank einer Freundin, die ihr sagte, sie solle sich die Ursache solcher Situationen genauer anschauen. Das wäre nicht nötig gewesen, wenn sie damals schon gewusst hätte, was sie heute weiß: Sobald eine solche Spiegelung auftritt, am besten gleich beim ersten Mal, ist es nötig, eine neutrale Person hinzuzuziehen und mit Hilfe der Engel ganz genau hinzuschauen. Was hat mir der andere da gespiegelt? Was muss ich noch heilen, was muss er noch heilen?

Ihre Freundin hat Martina darauf gebracht. Sie hatte von Anfang an erkannt, was sie sich spiegelten, ihr Freund und sie. Hätte sie gleich auf sie gehört, wäre es gar nicht erst zu den Verstrickungen in alte Muster gekommen. Sie hätte sich die alten Verletzungen einfach von den Engeln herausziehen lassen können. Aber sie hörte nicht auf ihre Freundin. Deshalb musste sie erst noch eine Weile mit dem Schatten leben und konnte sich nicht daraus befreien. Ein weiterer Grund war natürlich, dass sie ihren Freund so sehr mochte und immer sofort das Gefühl hatte, sie müsse ihm aus seinen Verletzungen heraushelfen. Dass das nicht möglich ist, dass jeder seine eigene

Heilung aus freiem Willen und freier Entscheidung selbst herbeiführen muss, das wollte und konnte sie damals noch nicht glauben.

Aber so ist es leider. Wenn sich zwei Menschen gegenseitig etwas spiegeln, sollte sofort die Frage gestellt werden, was das genau ist. Dann sollten beide einsehen, was zu dem Muster geführt hat. Und dann sollten beide, jeder für sich, dafür sorgen, dass diese Heilung geschieht, und zwar auf beiden Seiten. Mit welcher Methode das geschieht, ist vollkommen unerheblich, es sollte nur gründlich und effektiv geschehen, und – ich sage es noch einmal, weil es so ungeheuer wichtig ist – es sollte auf *beiden* Seiten geschehen.

Hier gibt es in der »Psycho-Szene« gern mal ein Missverständnis. Wenn ich mich über irgendjemanden aufrege, sagt er mir: »Ich habe dir da was gespiegelt, das musst du in Ordnung bringen.« Vorsicht! Zu einer Spiegelung gehören immer zwei. Wenn mir also jemand etwas spiegelt, ist das durchaus ein Hinweis darauf, dass ich etwas in Ordnung bringen muss, aber das gilt für den Spiegelnden ganz genauso. Gespiegelt wird nur, was auf beiden Seiten vorhanden ist. Also müssen auch beide Seiten diese Spiegelung zum Anlass nehmen, etwas zu verändern.

In engen Beziehungen ist das besonders wichtig. Wenn nämlich ein Partner dazu nicht bereit ist, wird der andere ihm durch die Heilung, die bereits geschehen ist, in seiner Entwicklung so weit voraus sein, dass die Beziehung nicht mehr funktioniert. Das ist wie mit zwei verschiedenen

Betriebssystemen im Computerbereich: Die Kommunikation funktioniert nicht, weil die beiden Systeme nicht mehr kompatibel sind.

Konkret heißt das: Wenn ein Partner bei seinen alten Verletzungen verbleibt, wird er immer wieder versuchen, die alten Beziehungsmuster anzuwenden, selbst wenn er so tut, als habe er eingesehen, dass etwas falsch läuft. Diese Beziehungsmuster beruhen aber gerade auf den alten Verletzungen, die er noch mit sich herumträgt, während sie beim anderen bereits geheilt sind und der deswegen keine Lust mehr auf die alten Muster hat oder sie sogar vergisst. Also sind die beiden nicht mehr auf demselben Stand, und deshalb funktioniert das Spiegeln nicht mehr. Da hilft nur noch Trennung.

In diesem Fall war es so. Wenn sich zwei Menschen in ihrer Entwicklung so weit voneinander entfernt haben, dass keine Spiegelung mehr möglich ist, dann wird eine Trennung unvermeidlich.

Wer in einer solchen Situation keinen Schlussstrich zieht, bringt sich nicht nur um kostbare Lebenszeit, er wird auch immer wieder Rückfälle in alte Muster erleben, vielleicht jahrelang die immer gleichen Spielchen spielen und seine Kraft in einer Beziehung verschleißen, die ihm nicht guttut. Wer in einer Beziehung bleibt, weil ihm der vertraute Horror weniger Angst macht als die unvertraute Freiheit, der vergeudet sein Leben und wird in einer solchen Beziehung möglicherweise auch körperlich krank.

Aber Spiegelung ist nicht nur im Großen, in wichtigen Beziehungen – vor allem in der Familie und in Liebesbeziehungen – ein Thema, sondern findet auch ständig und überall im Alltag statt. Wenn mich das Benehmen meines Gegenübers in der U-Bahn ärgert, wenn mich eine Zufallsbegegnung irritiert, dann muss ich nicht jedes Mal sofort anfangen zu analysieren, welches Kindheitstrauma damit angesprochen wird. Das würde ja dazu führen, dass ich nur noch panisch auf jede emotionale Regung achte und letztlich nur noch Nabelschau betreibe. Wer das tut, bringt sich um jede Lebensfreude. Aber wenn ich irgendwann bestimmte Muster erkenne, wenn ich merke, ein bestimmtes Verhaltensmuster, egal von wem, bringt mich in Sekundenschnelle auf die Palme, dann kann es sich lohnen, genauer hinzuschauen: Was wird mir denn da gerade mal wieder gespiegelt? Welche alte Geschichte taucht da wieder aus der Versenkung auf? Welche Leiche aus meinem Keller wird da wieder zum Leben erweckt? Und bevor ich mich für den Rest meines Lebens über ein bestimmtes Verhalten anderer Menschen ärgere oder darunter leide, kann es sich eben auch lohnen, die dahinter stehende Verletzung einzusehen und von den Engeln herausziehen zu lassen, beides womöglich mit Hilfe einer neutralen Person, die mir positiv gegenübersteht.

Unser natürliches Wachstum, unser natürlicher Drang nach Heilung ist ohnehin nicht aufzuhalten. Wenn mir eine bestimmte Sache immer wieder gespiegelt wird, dann ist das eine Aufforderung zu Wachstum und Heilung. Und wenn ich das abbremse, indem ich nicht hinschaue,

:m ich mich dem Wachstum und der Heilung verweigere, indem ich Dinge schönrede oder womöglich mit Hilfe von Süchten oder anderen scheinbaren Erleichterungen kompensiere, dann wird das Thema immer wieder auftauchen, bis ich mich ihm endlich stelle.

Das Resonanzgesetz

Was heute Resonanzgesetz oder Prinzip der Anziehung genannt wird, beschreibt einen sehr einfachen psychologischen Vorgang: Gleiches zieht Gleiches an. Oder anders gesagt: Wie man in den Wald hineinruft, so schallt es heraus.

Was wir denken, fühlen und tun, zieht ähnliche Gedanken und Gefühle und Taten an. Das, worauf wir unsere Aufmerksamkeit lenken – bewusst oder unbewusst –, bekommt immer mehr Bedeutung in unserem Leben. Gedanken und Gefühle sind Energie, und Energie geht nicht verloren, sondern ruft Wirkungen hervor. Erfolg zieht Erfolg an. Positive Gefühle ziehen positive Gefühle an. Und ja, leider: Negative Gefühle ziehen negative Gefühle an, Misserfolg zieht Misserfolg an. Das heißt, was immer passiert, hat AUCH Ursachen in dem, was ich früher getan, gedacht, gefühlt oder auch unterlassen habe.

- Wenn du dich selbst verletzt, dann werden dich andere verletzen.
- Wenn du dich selbst belügst, dann werden dich andere belügen.
- Wenn du dir selbst gegenüber nicht verantwortlich handelst, dann werden sich andere dir gegenüber unverantwortlich verhalten.
- Wenn du dir selbst die Schuld gibst, dann werden dir andere die Schuld geben.
- Wenn du selbst nicht auf deine Gefühle achtest, wird niemand auf deine Gefühle achten.
- Wenn du dich selbst liebst, werden dich andere lieben.
- Wenn du dir selbst vertraust, dann werden dir andere auch vertrauen.
- Wenn du dir selbst Anerkennung schenkst, dann werden dir auch andere Anerkennung schenken.
- Wenn du dich an dir selbst erfreust, dann werden sich auch andere an dir erfreuen.
- Wenn du ehrlich zu dir selbst bist, werden auch andere ehrlich zu dir sein.

Die negative, schädliche Wendung dieses Gesetzes lautet bestimmt nicht: Du bist selbst schuld. Wer hier von Schuld spricht, missbraucht aber die Aussage des Resonanzgesetzes. Wer unglücklich ist, wer etwas Schlimmes erlebt, wer körperlich oder seelisch krank wird, wirtschaftlichen Misserfolg erlebt, arbeitslos wird, eine scheußliche Trennung durchmacht, einen Unfall hat … der hat das nicht etwa selbst angezogen und ist »selbst schuld«. Er hat das

Unglück auch nicht mit negativen Gedanken auf sich gezogen, als hätte er sich das selbst so ausgesucht.

Negative Gedanken sucht sich niemand aus. Kein Mensch will unglücklich sein oder Schlimmes erleben. Wir wollen alle glücklich leben, gesund bleiben oder werden, ohne schlimme Erfahrungen durchs Leben gehen, fröhlich alt werden und ohne Schmerzen und Qualen diese Welt irgendwann wieder verlassen. Niemand sucht sich das Unglück aus. Kein Kind kommt auf die Erde, um Missbrauch, Gewalt, Krieg, Hunger zu erleben. Alle Menschen kommen auf die Erde, um Licht zu bringen, Freude zu bringen, um die ganze Menschheit endlich ein paar Schritte weiterzubringen. Wir alle sind »Lichtgestalten«. Ganz sicher kommen wir nicht auf die Welt, um uns selbst oder andere Menschen zu verletzen.

Mit Schuld hat das also alles nichts zu tun. Verantwortung haben wir durchaus für das, was mit uns und durch uns geschieht. Aber eben in dem Sinne, dass wir uns mit der Antwort verbinden, um dadurch das Ungleichgewicht und die Ungerechtigkeit in dieser Welt auszugleichen.

Trotzdem gibt es natürlich die negativen Gedanken, Gefühle, fehlgeleiteten Aufmerksamkeiten und so weiter. Nur sind sie eben nicht selbst gemacht, sondern Folgen von traumatischen Erfahrungen. Und diese Folgen können wir mit Hilfe der Engel heilen, ebenso wie ihre Ursachen.

Körperliche Manifestationen erkennen und auflösen

Alle Erfahrungen, die wir gemacht haben, positive wie negative, alle Traumata, die es in unserem Leben gegeben hat, sind in unserem Kopf in den Zwischenräumen zwischen den Nervenzellen gespeichert. Wir können in diesem Zusammenhang auch vom »morphischen Feld« sprechen. Dieses morphische Feld wird nun andauernd durch Spiegelungen darauf hingewiesen, wo es noch etwas zu heilen gibt. Und dieses sogenannte Triggern führt zu höchst unangenehmen Gefühlen, solange die Traumata nicht geheilt werden.

(Gesetz der Anziehung & Spiegelung tritt in Kraft)

TRAUMA ➡ ANGST ➡ SUCHT, BETÄUBUNG / ➡ GESTÖRTES DENKEN } VERHALTENSWEISEN (Täter, Opfer, Helfer) Machtspielchen ➡ KÖRPERLICHE KRANKHEITEN ➡ TOD

Der negative Kreislauf von Spiegelung, negativem Denken und Krankheit lässt sich mit Hilfe der Engel durchbrechen.

Jedes Mal, wenn es getriggert wird, entlädt sich das Trauma in den gesamten Körper. Betroffen von dieser Entladung sind zunächst die umliegenden Nervenzellen und von dort aus die Organe. Bei dem einen Menschen ist es das Herz, beim nächsten die Haut oder ein anderes Organ. Wenn das über Jahre so geht, schlägt sich die Fehlreizung irgendwo im Körper nieder. Und wenn die falsche, andauernde Spannung immer weiter anhält, werden Körperzellen überreizt (so entstehen Herzrhythmusstörungen), wird das Immunsystem geschwächt (so entstehen ständig wiederkehrende Infektionskrankheiten und Allergien), verlieren Zellen das »Wissen« über ihre eigentliche Aufgabe im Körper (so entsteht letztlich wohl Krebs). Wenn dein Immunsystem oder sonstige Organe stark geschwächt sind, heißt das, du solltest nicht nur das Trauma heilen, sondern auch die akuten Beschwerden von einem Arzt behandeln lassen. Viren und Bakterien sind nicht zu unterschätzen! Sie schwächen den ohnehin schon geschwächten Körper sehr.

Praxistipp: Entladungen im Körper erkennen

- Ich habe Herzrasen.
- Ich habe oder bekomme regelmäßig Hautausschlag.
- Ich habe Magenschmerzen.
- Ich habe Schmerzen im Unterbauch.
- Ich bekomme keine Luft mehr.
- Ich habe Hals- oder Ohrenschmerzen.
- Ich habe Todesangst.

So oder so ähnlich fühlt es sich an, wenn Traumata sich in den Körper entladen. Wenn du körperliche Symptome hast, solltest du immer beides tun: die Symptome ärztlich behandeln lassen und die Ursachen rausziehen lassen.

Die Ursachen identifizieren

Wenn es erst einmal so weit gekommen ist, dass Menschen körperlich krank geworden sind, dann ist es in der Regel mit dem Aufspüren einer einzigen Ursache nicht getan. In solchen Fällen ist es fast immer ein ganzes Bündel von Ursachen, das gemeinsam mit einem Vertrauten angeschaut werden muss. Und wenn es sich für dich stimmig anfühlt, kannst du dann meine Methode der Engel-Heilung anwenden. Schritt für Schritt werden die Engel gebeten, die Ursachen zu entfernen – genau da, wo sie abgespeichert sind. Dazu ist viel Aufräumarbeit im morphischen Feld zwischen den Nervenzellen nötig. Möglicherweise dauert es nur einen Tag, bei Menschen, die schon sehr lange leiden, wird sich der Prozess unter Umständen über mehrere Wochen hinziehen, weil es mehrere Punkte zum Aufräumen gab.

Es kann eine Weile dauern, bis der oder die Betroffene spürt, wie sich das körperliche Wohlbefinden verändert. Zunächst stellt sich »nur« ein Gefühl von Erleichterung und Klarheit ein, sobald ein traumatischer Punkt herausgezogen ist. Dann verstärkt sich dieses Gefühl bis hin zu einer vollständigen körperlichen Heilung.

Zuerst merken es vielleicht die Menschen in der näheren Umgebung, dass sich da etwas tut. Menschen, die sich auf diesen Heilungsweg begeben, verändern nämlich ganz deutlich ihr Aussehen. Das Gesicht wird weicher, entspannt sich, die Gesichtszüge wirken wieder jünger, die ganze Härte verschwindet.

Hierzu eine Fallgeschichte.

Julia hatte Herzstolpern. Außer der Diagnose des Kardiologen, dass es sich um psychosomatische Beschwerden handele und (noch) nichts sichtbar sei, brachte sie nichts in die Einzelstunde mit. Ich fragte sie, was ihr Kardiologe ihr geraten hatte, wie sie mit den seelischen Problemen umgehen sollte, die sich an ihrem Herzen zeigten. Aber darüber hatte der Arzt gar nicht mit ihr gesprochen. »Schade«, dachte ich, denn ich selbst kenne einen Kardiologen, der Psychokardiologie anwendet um zu verhindern, dass psychosomatische Beschwerden irgendwann chronisch werden. Die Weiterempfehlung an einen Traumatherapeuten hätte ich persönlich als das Mindeste erachtet. Ich fragte sie, welche Ängste sie habe und wo im Körper sie diese spüre. Sie listete alle Ängste auf und meinte, sie würden sich in Form von Herzstolpern bemerkbar machen. Ich fragte sie, ob sie sich erinnern konnte, wo die einzelnen Ängste entstanden waren. Sie ordnete jeder Angst die jeweilige traumatische Situation zu, an die sie sich plötzlich erinnern konnte. Es waren wirklich viele. Ich fragte sie, ob sie noch irgendetwas einsehen wollte von ihren traumatischen Situationen, aber sie erwiderte, nein, es sei stimmig, dass die Engel jetzt die Ursachen rausziehen dürften. Wir begannen bewusst mit dem Ist-Zustand jeder Angst und deren Ursache. Als wir endlich fertig waren, fühlte sie sich nach eigenen Aussagen wie neugeboren und dankte sich selbst und ihren Engeln.

Praxistipp: Körperliche Beschwerden heilen lassen

- Hast du das Gefühl, dass sich etwas auf deine Organe niederschlagen will?
- Sind das Ängste? Wie fühlt sich das an? Denkmuster?
- Wie viele Ist-Zustände spürst du in diesen Körperbereich?
- Schreib alle Ist-Zustände auf, und zwar mit dem Ort, an dem sie sich in deinem Körper manifestieren, und den sonstigen Erscheinungsformen. Wende nun die URZL-Methode an: Benenne jeweils einen Ist-Zustand, frage nach der Ursache, lass die Ursache von den Engeln herausziehen.

Wie die Engel heilen

Im Grunde genommen passiert gar nichts Spektakuläres, wenn die Engel eine alte Verletzung, ein altes Trauma heilen. Die Folgen dieser Heilung sind möglicherweise spektakulär, der Vorgang selbst ist es nicht.

Nehmen wir an, du hast aufgrund von Spiegelung oder anderer Vorgänge eine alte Belastung erkannt und eingesehen, von der du dir wünschst, dass die Engel sie heilen. Dann kannst du dich zu Hause allein hinsetzen oder dich an eine andere Person wenden. Das kann ein guter Freund

: eine gute Freundin sein, möglicherweise auch je-
…nd, der das Heilen mit Hilfe der Engel regelmäßig betreibt und darin ausgebildet ist. Gib privat einfach Gas. (Solltest du meine URZL-Methode oder mein EH-Tool außerhalb des privaten Bereiches anwenden wollen, bitte ich dich, meine Ausbildung zu absolvieren, da ich sonst nicht hinter dir stehen kann und auch nicht weiß, ob du sie dir erfolgreich genug beigebracht hast, um Dritten helfen zu können, vor allem, wenn du es gewerblich tun willst.)

Was passiert dann? Ich bitte die Engel, das, was ich eingesehen habe, herauszuziehen. Dazu muss ich allerdings sehr präzise definieren, *was* da herausgezogen werden soll und *wo.* Beides ist sehr wichtig. Wenn ich eine alte Belastung wirklich loswerden will, dann ist es sinnvoll, die Engel zu bitten, dass sie alle Situationen herausziehen, die mit der alten Belastung zu tun haben. Und dass sie sie – das ist wichtig! – genau dort herausziehen, wo sie abgespeichert sind.

Das heißt also, im Kopf. Denn alle unsere Erfahrungen sind in unserem Gehirn gespeichert. Wenn sie getriggert werden, dann entladen sie sich in den ganzen Körper, aber das heißt nicht, dass sie auch im Körper gespeichert wären. Beim Herausziehen gibt es dann einen kleinen Stich im Kopf, und das war's eigentlich. Und damit ist das, was mich belastet hat, weg. Es klingt banal, aber es ist wirklich so einfach. Mehr als einmal habe ich erlebt, dass ich mich hinterher noch erinnern wollte – aber da war nichts.

Ich wollte die Sache, nachdem ich sie nun los war, noch einmal anschauen und analysieren – aber ich fand nichts mehr. Ich konnte das negative Gefühl nicht zurückholen, ich konnte den Gedanken nicht mehr so denken wie vorher und die körperlichen Manifestationen, die damit zusammenhingen, waren auch verschwunden.

Wenn du danach wieder einen Herz-Bauch-Check machst, wirst du feststellen, dass du dich ganz leicht und frei fühlst. Ein gutes Gefühl!

Der alles entscheidende Schritt – und den kannst nur du selbst tun, aus deinem freien Willen heraus – ist der, überhaupt hinzuschauen und festzustellen: Ich habe da ein Problem. Wenn du nicht erkennst, dass es ein Problem gibt, das die Engel lösen können, dann wird nichts passieren. Diesen einen, entscheidenden Schritt kann dir niemand abnehmen.

Es kann übrigens alles Mögliche passieren, bis du endlich mal hinschaust, was so in deinem Leben eigentlich aufgeräumt werden sollte. Vielleicht bekommst du von oben eins auf den Deckel, oder du stolperst selbst, bekommst eine Reihe von echt nervigen Spiegeln geschickt. Wenn das alles nichts nützt, wird irgendwann ein mahnender körperlicher Spiegel kommen: eine Krankheit.

URZL-Methode anwenden bei körperlichen Krankheiten

Schritt 1: Der IST-ZUSTAND (das Jetzt)

Beginne mit dem Ist-Zustand. Was fühlst du in deinem Körper? Wo ist etwas nicht in Ordnung? Wo tut dir etwas weh? Oder hast du neben deiner Selbstdiagnose schon eine ärztliche?

Pro Organ oder Stelle in deinem Körper listest du nun bitte all deine Problemzonen Punkt für Punkt auf. Wichtig ist, dass du in dich hineinspürst und herausfindest, was dich belastet und wie sich das anfühlt. Wo im Körper spürst du ein negatives Gefühl? Du hast nur Magenprobleme? Super! Du hast mehrere Problemzonen? Macht nichts, liste sie einfach strukturiert auf. Nun frage dich: Welche Ängste, Zweifel liegen dir auf dem Herzen? Was schlägt dir auf den Magen? Was lastet auf deinen Schultern, zerbricht dir den Kopf, hast du dir ans Bein gebunden? Was hast du noch nicht verdaut (Darm)? Was kannst du nicht loslassen (Blase), auf was reagierst du allergisch (Haut)? Wo musst du die Zähne zusammenbeißen? Bist du traurig (Niere), raufst du dir die Haare, kannst du irgendetwas nicht mehr hören (Ohren), willst du irgendetwas nicht mehr schlucken (Speicheldrüse), belastet dich etwas energetisch negativ (Lymphe), hast du den Hals voll, kannst du etwas nicht mehr mit ansehen (Augen)? Und so weiter.

Behindert dich jetzt gerade akut ein Flashback in Form eines Gefühls, eines Gedankens, einer Angst, eines Verhaltensmusters, einer Blockade, das du auf das belastete Organ beziehen würdest? Schreib es auf! Das Aufschreiben ist wichtig, damit du deine Ist-Zustände gut definieren kannst. Wenn das geschehen ist, folgt der Blick auf die Ursache oder Ursachen.

Schritt 2: URSACHE im heutigen Leben

Beschränke dich bitte nun immer auf einen einzigen Punkt auf der Liste der Ist-Zustände, um die Ursache dafür zu suchen. Wenn du gleich mehrere Punkte auf einmal betrachtest, kommst du durcheinander.

Stell dir selbst ein paar einfache Fragen, wie wir sie vorher schon kennengelernt haben:

- Hast du eine ähnliche Situation wie im Ist-Zustand schon einmal erlebt? Eine Situation, in der dir als Kind oder etwas später solch ein negatives Gefühl, eine ähnliche Angst oder ähnliche Glaubensmuster, Denkmuster, Verhaltensmuster, Blockaden auf deinen Körper geschlagen sind?
- Bei welchen Gelegenheiten hast du eine solche Situation schon einmal erlebt? War es im Umgang mit deinen Eltern, mit Lehrern, mit Freunden oder in Beziehungen? Wie lange ist das her?
- Was für Erinnerungen kommen dir, wenn du an die entsprechende Situation oder wiederholte Situationen denkst? Wie haben sich die Personen um dich herum verhalten?

Schau und fühl in dich hinein. Wenn du noch mehr zu dieser Ursache wissen möchtest bzw. noch mehr von der damaligen Trauma-Situation sehen willst, tu das. Es kann aber auch sein, dass du nichts mehr über das Trauma wissen möchtest und dass du die Ursache(n), die alten Traumata einfach nur noch los haben möchtest. Sei hier ehrlich zu dir selbst, sonst können die Engel dir die Ursache nicht rausziehen. Lass dir Zeit. Die Engel tun nichts, was du nicht willst. Du entscheidest, wann für dich der richtige Zeitpunkt gekommen ist, um die körperlichen Beschwerden und ihre Ursachen aus deinem Körper herausziehen zu lassen.

Schritt 3: Die LÖSUNG

Wenn du so weit bist, bittest du die Engel deines Vertrauens, dir die erkannte Ursache rauszuziehen. Frage dich davor noch: Wo in meinem Körper fühle ich die Schockenergie? Obwohl dir das bei körperlichen Krankheiten sehr klar sein wird, spüre genau hin: Wo sitzt dieses negative Gefühl, diese Angst, dieses Glaubensmuster, dieses Denk- oder Verhaltensmuster, diese Blockade? Wo sitzen diese körperlichen Beschwerden? Wenn dort mehrere Ursachen sitzen, dann lass jede einzelne Schritt für Schritt rausziehen.

Du fragst die Engel, wie oft du langsam tief ein- und ausatmen sollst. Sie werden dir eine Zahl nennen. Du atmest ausschließlich durch die Nase ein und aus, tief und ruhig, während sie die Ursache rausziehen.

Mache danach bitte einen kurzen Check für jede rausgezogene Ursache.

Schritt 4: NACHKONTROLLE
Es fühlt sich leichter, besser an, die Beschwerden lassen nach. In deinem Körper fühlst du dich friedlich, ruhig, ungetriggert, einfach anders. → Super, alles gut.

Es kommt ein Zweifel auf. → Super, dann kann gleich der nächste Punkt analysiert werden. Schau dir in diesem Zusammenhang den Zweifel ganz genau an.

Wie schon erwähnt, kann es immer wieder passieren und ist, so sagen die Engel, auch ganz normal, dass mehrere gespeicherte Situationen nebeneinanderliegen. Wenn jetzt die erste Situation rausgezogen worden ist, verändert sich das Gleichgewicht im Körper, und die Schockenergie-Nachbarn wollen auch gern rausgezogen werden. So entstehen wundervolle Kettenreaktionen, und die Energiepotenziale in deinem Körper dürfen endlich aufhören, immer wieder die blöden Trauma-Situationen usw. in deinem Körper nachzuspielen und körperliche Krankheiten hervorzurufen. Stattdessen dürfen sie endlich wieder nach Hause ins Licht marschieren. Sie sind befreit, dank der Engel und dir.

Und bitte: Wenn du körperlich schon krank bist, dann verzichte niemals auf eine ärztliche Behandlung, die dich zusätzlich stabilisiert. Beide gemeinsam, die ärztliche Behandlung und die Heilung durch die Engel, werden dir helfen, dich bald besser zu fühlen.

Hol dir Hilfe

Wer die Engel bitten will, ihn von alten Lasten zu befreien, ein Trauma herauszuziehen, der kann das gut allein tun. Leichter geht es aber mit einem anderen Menschen. Wenn du über ein Problem sprechen willst, suchst du dir ja auch einen Freund oder eine Freundin, der oder die dir zuhört. Genauso ist es mit dem Engel-Heilen: Es geht viel leichter, wenn ein Menschen bei dir ist, der dich mag und der die Engel mit dir gemeinsam bittet, dich zu heilen.

So sind wir Menschen einfach programmiert. Wir kommen immer auf eine viel höhere Energiefrequenz, wenn wir nicht allein sind, sondern zu zweit oder in einer Gruppe. Der Mensch ist ein Wesen, das auf Gemeinschaft und Kontakt angelegt ist.

Wenn du nämlich akut sehr gestresst oder traurig oder unglücklich oder gar körperlich krank bist und die Hilfe der Engel am allernötigsten hast, dann wirst du den Weg allein nicht finden. Dann kommt dir die Anleitung *Ist-Zustand feststellen, Ursache einsehen, Ursache beheben und rausziehen lassen, fertig* viel zu einfach vor. Gerade deshalb brauchst du dann einen Menschen, der mit dir hinschaut und mit dir gemeinsam die Engel bittet, für Heilung zu sorgen. Dafür sind Freunde doch schließlich da! Also sei nicht schüchtern, such dir Hilfe und biete sie anschließend auch anderen an.

Heilungsgeschichten

Die Geschichte meiner Engelfreundin Milena erklärt ganz schön, wie das Heilen mit den Engeln funktioniert. Milena kam zu mir, nachdem sie mich in einem Fernsehinterview gesehen hatte. Sie stand selbst in gutem Kontakt mit den Engeln und hatte sich gedacht: »Die muss ich kennenlernen, die ist ja genau wie ich!« Tatsächlich waren wir uns vom ersten Moment an sehr vertraut. Sie kam zu mir und gestaltete die Zeit sehr selbstständig, sprach mit den Engeln, lauschte auf sie und sagte ihnen immer wieder, was sie aus ihrem Körper entfernen und mitnehmen konnten. Es war eine sehr angenehme, ruhige Atmosphäre.

Milena schielte mit einem Auge. Sie vermutete, dass diese Fehlstellung die Folge einer Augenentzündung war, die sie sich schon als Baby in der Geburtsklinik zugezogen hatte. Wir haben die Engel gebeten, das Auge geradezurücken, und die Engel haben uns geantwortet, ja, warum nicht. Und weil Milena ein genauso vertrauensvoller Mensch ist wie ich, blieb sie ganz ruhig auf meiner Liege, sagte irgendwann: »Jetzt drückt da jemand«, und als ich wieder hinschaute, war ihr Auge ganz normal. Ich habe mich sehr erschreckt. Es ist noch mal etwas anderes, wenn man den Heilungserfolg eines Klienten so deutlich sieht. Wenn mir nach einer Heilung Leute von den Ergebnissen einer ärztlichen Untersuchung oder eines Ultraschalls berichten, ist mehr Distanz im Spiel, obwohl auch das immer wieder ein großes Erlebnis ist.

Ich habe Milena dann einen kleinen Handspiegel in die Hand gegeben, damit sie auch sehen konnte, wie es ihrem ehemals schielenden Auge ging.

Bei Milena waren die Rahmenbedingungen ganz besonders günstig. Sie hatte ein ungeheures Vertrauen zu den Engeln und musste die Ursache nicht einsehen. Die Verbindung zwischen uns war auch sehr stark, was die Selbstheilungskräfte noch verstärkte. Am Ende stellte sich sogar heraus, dass wir am gleichen Tag ungefähr zur gleichen Uhrzeit geboren waren, wenn auch nicht im gleichen Jahr.

Solche Heilungsgeschichten passieren – nicht jeden Tag, aber sie kommen vor. Und wie die Geschichte von Milenas Auge zeigt, geht es dabei nicht immer nur um sogenannte psychosomatische Krankheiten.

Eine andere Klientin kam zu mir, weil sie unter heftigen Allergien litt. Die Schübe traten immer im Zusammenhang mit ihrer Arbeit auf, genauer gesagt: mit ihrem Chef. Wir haben dann gemeinsam die Engel gefragt, woher diese Allergie käme, und sie haben uns bestätigt, dass der Chef die Klientin unterbewusst ständig an innere Verletzungen erinnerte. Jahrelang hatte sie sich nicht dagegen gewehrt, und obwohl die Tätigkeit selbst ihren Fähigkeiten und Neigungen eigentlich gut entsprach, machte ihre berufliche Situation sie fast kaputt. Die Allergie war ein massives Warnzeichen, ein Hilfeschrei aus ihrem Körper, der sie aufforderte, doch bitte endlich etwas an ihrer Situation zu ändern. Immer wieder überlegte sie, die Sache einfach dadurch zu »erledigen«, dass sie sich eine andere Stelle suchte, aber das war in ihrem Beruf gar nicht so einfach.

Sie fand durch ihre Selbstehrlichkeit heraus, dass sie – ähnlich wie ich mit meinem Hautausschlag – sehr empfindlich auf Menschen mit negativen Schwingungen reagierte und so daran erinnert wurde, was bei ihr noch aufzuräumen war. Und nachdem sie sich die Ursachen und die inneren Verletzungen von den Engeln hatte aus dem Körper ziehen lassen, passierte eine erstaunliche Veränderung an ihrer Arbeitsstelle: Als sie das nächste Mal zu mir kam, sagte sie: »Friederike, mir geht es so gut, du glaubst es nicht. Mein Chef lässt mich endlich in Ruhe, und die Allergie ist vollständig verschwunden.« Ab dem Moment, in dem sie ihre »Altlasten« hinter sich gelassen hatte, bot sie ihrem Chef keine Möglichkeit mehr zum Spiegeln. Er hatte keinen Angriffspunkt mehr, und damit löste sich der Konflikt in Luft auf. Die Klientin arbeitet heute noch an derselben Stelle und ist kerngesund.

Eine dritte, für mich ganz aufregende Geschichte passierte mit einer weiteren Klientin. Sie litt unter einer Zyste und fragte mich, ob ich ihr helfen würde, sie mit Hilfe der Engel zu heilen. Kaum dass sie auf der Liege lag, sagte sie: »Die fangen ja schon an!« Sie erzählte mir, während die Engel mit ihrer Zyste beschäftigt waren, noch ein paar Dinge, die andere Lebensbereiche betrafen. Dann trennten sich unsere Wege.

Eine Woche später rief sie bei mir an und bedankte sich. Sie hatte beim Arzt eine Ultraschalluntersuchung machen lassen, die Zyste war weg. Vielen Dank an die Engel. Auch diese Frau hatte sich vorbehaltlos auf die Heilung durch die Engel eingelassen, ähnlich wie Irene, voller Vertrauen und mit großer Selbstverständlichkeit. Sie hatte keine großen Umwege im Sinn und im Grunde wollte sie über die Ursachen ihrer Krankheit auch gar nicht allzu viel erfahren. Ihr genügte das Wissen, dass die Engel die Zyste mitnahmen. Sie war schon so weit im Vertrauen, dass die Ursachen gar keine Rolle mehr spielten.

Und dann war da noch Martina, eine Schülerin von mir, die die Ausbildung zum Engel-Sehen und Engel-Hören bei mir machte. Sie war in mehreren Intervallen ganz allmählich extrem kurzsichtig geworden, was ihr sehr zu schaffen machte. »Friederike, können wir nicht mal was für meine Augen machen?«, fragte sie mich eines Tages. Und ich musste gar nicht lange in mich hineinhorchen, bevor ich die Zustimmung der Engel hörte. Sie legte sich also hin, schloss die Augen und wartete. Während die Engel an ihren Augen arbeiteten, sagten sie, sie müsse noch etwas einsehen, damit sich ihre Sehfähigkeit wieder stabilisieren konnte. Es ging um Probleme mit ihrer sehr kalten, distanzierten Mutter; Probleme, die – wie so oft – bis in die frühe Kindheit hineinreichten. Die Engel sagten, sie müsse ihren Blick auf sich selbst erst verändern, damit sie dann auch nach außen wieder richtig sehen könnte. Der ganze Vorgang dauerte vielleicht zehn Minuten, dann war die Blockade weg und die Sehfähigkeit wiederhergestellt.

Und noch eine Geschichte: Sabrina war ebenfalls eine Kursteilnehmerin. Sie war vor allem deshalb zu mir gekommen, weil sie unter erheblichem Übergewicht litt. In dem Kurs »Sich selbst heilen mit den Engeln« wollte sie die Ursachen für das Übergewicht selbst herausfinden. Das gelang ihr dann auch ebenso erfolgreich wie allen anderen Kursteilnehmern. Bei ihr waren vierzehn wirklich dramatische Trauma-Situationen aus ihrer Kindheit regelrecht zusammengeballt und entluden sich immer wieder in ihren Körper. Das schadete ihrem gesamten Stoffwechsel. Es war, als hätte sich diese »Kugel« aus alten Belastungen an ihren Körper gehängt. Während wir zwei Tage intensiv an uns arbeiteten, setzten wir selbst die Engel-Heilmethode an uns um. Sabrina ließ sich die Ursachen aus ihrer Kindheit aus dem Körper ziehen – und hatte nach diesen zwei Tagen bereits drei Kilo Körpergewicht verloren. Und ich schwöre, wir hatten genug zu essen …

Fünf Frauen, fünf Wege der Heilung. Tatsächlich ist jede Geschichte einer Engel-Heilung ein bisschen anders, aber das Prinzip ist immer ähnlich. Es gibt auch eine Reihe von Krankheitsbildern, mit denen Menschen besonders häufig zu mir kommen: Augenkrankheiten, Hautkrankheiten, Rückenprobleme, Verdauungsprobleme (Magen und Darm), Nervenkrankheiten. Die meisten dieser Erkrankungen sind eher langwierig oder sogar chronisch, und sie gelten auch landläufig als körperliche Manifestationen seelischer Belastungen.

Was dann passiert, ist letztlich immer derselbe Prozess: Ich stelle fest, dass ich Hilfe nötig habe, ich bitte die Engel um Hilfe – und sie ziehen das, was mich krank macht, mitsamt der Ursachen aus dem Körper. Wenn ich selbst noch genauer hinschauen will, wie diese Ursache aussieht, dann kehre ich noch einmal dorthin zurück, bevor ich die Engel bitte, alles herauszuziehen. Indem ich die Ursachen einsehe, sorge ich dafür, dass sie herausgezogen werden, und dann wende ich mich wieder der körperlichen Erkrankung zu. Das ist eigentlich nicht unbedingt nötig, aber in manchen Fällen absolut sinnvoll, nämlich immer dann, wenn der Weg blockiert ist oder die Heilung ins Stocken kommt.

Eine Klientin, bei der das besonders stark ausgeprägt war, werde ich nie vergessen. Sie kam wegen Bandscheibenproblemen zu mir und war voller Vertrauen in die Engel, sodass der Heilungsprozess extrem schnell und reibungslos verlief. Aber dann stockte plötzlich alles. Also hieß es: noch einmal genau hinschauen, die Blockade und ihre Ursachen analysieren und einsehen, rausziehen lassen – weiter geht's. Jedes Mal, wenn ich ihr sagte: »Ich glaube, da solltest du noch etwas einsehen«, knurrte sie: »Immer das blöde Einsehen der Ursache.« Trotzdem war es nötig, sonst hätte sie sich selbst belogen. Und immer hingen ihre Blockaden mit dem Verhältnis zu ihrer Mutter zusammen. Einmal hat sie zu mir gesagt: »Es ist, als säße meine Mutter auf mir drauf.« Erst als sie ihre Mutter, die sie sich regelrecht auf den Rücken geladen hatte, endlich losließ, war es, als fiele eine ganze Mauer in sich zusammen.

Viele Unterschiede, und doch ist es eigentlich immer dasselbe

Bei manchen Klienten muss ich auch noch ein Stück weiter zurückgehen und erst einmal am Thema Vertrauen arbeiten. Wer nie gelernt hat zu vertrauen, der wird auch den Engeln nicht rückhaltlos vertrauen, selbst wenn er sich die Heilung noch so sehr wünscht. Und so gehen wir schrittweise den Weg entlang, lassen vielleicht noch den einen oder anderen Felsbrocken von den Engeln aus dem Weg räumen, sorgen für die Auflösung von Blockaden, bis der Weg endlich frei ist und vollständige Heilung möglich wird.

Das alles dauert in der Regel nicht lange. Es ist immer wieder erstaunlich, wie viel ein Mensch in einer Stunde an Heilung erfahren kann. Tatsächlich ist eine Stunde am Stück auch mehr als genug für den Klienten. Denn was da passiert, ist körperlich ungeheuer anstrengend. Und außerdem – ja, es ist nun mal so! – riecht man all den Dreck, der da aus dem Menschen herausgezogen wird. Er riecht es sogar selbst. In meinen Kursen, wenn wir einen ganzen Tag lang arbeiten und viele Altlasten angesprochen und aufgelöst werden, herrscht im Seminarraum manchmal richtig »dicke Luft«.

Doch nicht nur die Wege sind unterschiedlich, auch die Dauer des Heilungsprozesses variiert von Klient zu Klient ganz erheblich. Es gibt Menschen, bei denen all das sehr schnell geht, und es gibt Menschen, die brauchen längere Zeit und Pausen, um zu verarbeiten, was da mit ihnen geschieht. Wenn eine Blockade aufgelöst wird, findet sich auf dem Weg so viel Neues – so viele neue Sichtweisen und so viel Weite –, dass Klienten diese neue Situation vielleicht auch erst mal ein Weilchen genießen wollen, bevor sie weitergehen.

Manchmal ist es auch einfach besser, sich mehr Zeit zu lassen. Die wirklichen Turbotypen muss ich als Heilerin manchmal bremsen, um sie vor sich selbst und ihrem eigenen Tempo zu schützen.

Bei extrem belasteten Menschen findet sich hinter einer herausgezogenen Belastung oder einer aufgelösten Blockade natürlich gleich die nächste, mit der man vielleicht gar nicht gerechnet hatte. Es ist ein bisschen, wie wenn ich die Tür zu einem Gartenhäuschen aufmache, in dem schrecklich viel Gerümpel liegt. Als Erstes fällt mir vielleicht eine Schaufel entgegen. Die räume ich weg. Dann aber, sobald ein bisschen Licht ins Dunkel kommt, wird das ganze übrige Gerümpel sichtbar. Und dann ist gründliches, schrittweises Aufräumen angesagt, bis das ganze Gartenhäuschen leer ist, alles wieder an seinem Platz liegt, steht und hängt und ich noch ein letztes Mal ausfegen kann, damit das Häuschen wieder blitzblank wird – ein Ort zum Wohlfühlen. Und das kann unter Umständen eine Weile dauern.

Mit so vielen Belastungen kommen aber nicht sehr viele Menschen zu mir. Nur 17 Prozent meiner Klienten bringen eine lange Leidensgeschichte mit und haben oft auch eine lange »Patientenkarriere« hinter sich. Manche sind vollkommen verzweifelt, wenn sie mich aufsuchen. Für sie bin ich so etwas wie der letzte Strohhalm, und es braucht viel Geduld, ihnen klarzumachen, dass auch ich nichts versprechen kann. Das ist aber letztlich bei mir nicht anders als bei allen Heilern, die im Bereich der »Alternativmedizin« arbeiten.

Eine Klientin kam aus Österreich zu mir. Sie hatte eine ähnliche Geschichte wie die im vorherigen Kapitel erwähnten Klientin, nämlich Herzrhythmusstörungen. Von ärztlicher Seite hatte man auch ihr nur gesagt, das sei psychosomatisch, da könne man nichts machen. Sie hatte eine extrem lange und belastende Odyssee durch die verschiedensten psychotherapeutischen Behandlungsmethoden hinter sich, als sie zu mir kam. Wir haben ihr Leben mit Hilfe der Engel angesehen, haben eine massive Blockade aus dem Weg geräumt, die ihre Ursache in ihrer Familiensituation hatte, und danach konnte sie ihren Weg befreit weitergehen. Wie viel Zeit und Schmerz hätte man dieser jungen Frau ersparen können, wenn sich irgendjemand vorher die Mühe gemacht hätte, genauer hinzuschauen!

Schließlich kommen auch viele Leute mit großen Ängsten zu mir. Sie haben unter Umständen eine lange Leidensgeschichte hinter sich, und nun sollen sie einen ganz ungewohnten, fremden Schritt tun. Das macht ihnen selbstverständlich Angst. Das Heilen selbst ist ganz leicht, vor allem auch das Heilen der Ursachen, weil Körper und Geist keinen Unterschied zwischen der Vergangenheit und dem Jetzt kennen. Eine Erinnerung an eine schmerzliche Erfahrung fühlt sich genauso an wie die Erfahrung selbst. Und das können die Engel nutzen, um eine vergangene Erfahrung quasi umzuprogrammieren. Über die Erinnerung kann die Vergangenheit tatsächlich verändert werden.

Bei all diesen Unterschiedlichkeiten ist aber eins bei allen Heilungsprozessen gleich: die Selbstverantwortung. Wer zu mir kommt und sagt: »Mach mal, du mit deinen Engeln«, der wird nichts erleben, außer, dass ich ihm meine Methode erkläre oder ihn im schlimmsten Fall nach Hause schicke. Ich kann es gar nicht oft genug sagen: Jeder Mensch muss sich (mit Hilfe der Engel oder auf welche Weise auch immer) selbst heilen. Ich kann Impulse geben und den ganzen Prozess begleiten und beobachten, aber letztlich muss der Klient selbst einsehen, was ihn belastet, und sein Vertrauen mitbringen oder die Ursachen für das Nichtvertrauen rausziehen lassen.

Nur wer aus freier Entscheidung und mit seinem freien Willen zu mir kommt, wird Heilung erfahren. Es nützt auch nichts, jemanden zu mir zu schicken und ihm zu sagen: »Geh doch mal zur Engelheilerin.« Wer den Engeln nicht vertraut, wird nichts erleben, was ihm Heilung bringt. Und wer keinen Spaß beim Heilwerden hat, der ist vielleicht ohnehin auf dem schweren und damit falschen Weg.

Praxistipps: Wie du dich selbst darauf vorbereitest, die Selbstheilungskräfte mit deinen Engeln zu aktivieren

Wenn du immer noch das Gefühl hast: Also etwas fehlt mir noch, um die URZL-Methode umzusetzen, dann hier noch ein paar Tipps:

- Mag ich mich überhaupt schon mit meinen Problemen auseinandersetzen? Oder möchte ich lieber noch nicht hinschauen?
- Möchte ich schon Heilung?
- Will ich Selbstheilung mit meinen Engeln?
- Habe ich mit Blick auf mein Problem den Ist-Zustand, also das Problem im Jetzt, schon aufgeschrieben oder mehrere Problempunkte für meine Heilsession gesammelt?
- Erlaube ich es mir schon, die Ursache anzuschauen?
- Bin ich bereit, die Selbstheilungskräfte der Engel anzunehmen?
- Habe ich eventuell störende Denkweisen wie »Es muss schwer sein, ich darf nicht geheilt werden, es muss lange dauern« schon aus mir rausgeurzelt?
- Möchte ich meine Selbstheilungssession mit meinen Engeln und einer Freundin vollziehen oder mit einer/einem von mir geprüftem URZL-Engel-Heiler(in)? Oder gar allein?

Wie auch immer du dich entscheidest, es ist dein freier Wille, und es sollte für dich stimmig sein. Nur du weißt, wo du innerlich stehst, und keiner darf dir hier dazwischenreden. Es ist alles gut. Da, wo du bist, bist du gerade. Und selbst wenn du noch nicht hinschauen willst oder dieses Buch geschenkt bekommen hast mit der Aufforderung, »Räum mal auf!« – tu alles erst dann, wenn du es auch willst.

Engel-Heilung bei Kindern

Ich denke, es ist jetzt schon klar geworden, dass Engel-Heilung ein sehr einfacher, geradliniger Prozess ist: Wir stellen fest, dass es eine Störung gibt, egal, ob sie in Form einer Wahrnehmung, einer psychischen Blockade oder einer körperlichen Manifestation auftritt. Wir sehen mit Selbstehrlichkeit ein, dass diese Störung eine Ursache in unserer Vergangenheit hat. Wir beschäftigen uns *möglicherweise* näher mit dieser Ursache, um sie genau anzusehen – nötig ist das nicht unbedingt und schon gar nicht in allen Fällen. Und wir bitten die Engel, die Ursache zu entfernen. Dann gehen wir weiter auf unserem Weg, voller Vertrauen, dass Heilung schon geschehen ist oder noch geschieht.

Mit Kindern ist das alles noch einfacher. Kinder sind vollkommen unkompliziert. Sie sind noch so nah an sich selbst und auch an der Wahrnehmung der Engel dran, dass sie fast gar keinen Impuls brauchen, damit Heilung möglich wird. Ich rede kurz mit ihnen, und der Rest geht fast von allein.

In der Regel kommen Eltern mit ihren Kindern zu mir. Wir machen ein kurzes Vorgespräch, die Kinder spielen in der Zeit ein bisschen, dann spricht die Mutter oder der Vater das Kind an und fragt nach der Störung. Das kann ein körperlicher Schmerz sein, eine Traurigkeit, weil jemand gemein war, die Angst vor der Schule oder dem Kindergarten, vor großen Hunden und kleinen Spinnen – da ist vieles möglich.

Ich lasse das Kind kurz selbst erzählen und frage es dann: »Möchtest du denn, dass die Engel das rausziehen?« Und in der Regel sagen die Kinder dann fröhlich und hoffnungsvoll: »Ja.« Meistens kommt dann – zumindest beim ersten Mal – die Frage: »Und wie machen die das?« Ich sage dann: »Du kannst die Engel jetzt bitten, zieht mir das raus, was mir wehtut.« Dann dauert es eine kleine Weile, und dann sagen fast alle Kinder: »Ja, okay, schon fertig.« Oder: »Schon weg.«

Die Eltern merken dann ziemlich schnell, dass sich etwas getan hat, einfach daran, dass die Auswirkungen der Störung verschwunden sind. Die Ängste, die Schlaflosigkeit, der Schmerz, die Traurigkeit verschwinden in ganz kurzer Zeit wie weggeblasen.

Angst vor der Schule kommt sehr häufig vor, wenn Eltern mich mit ihren Kindern aufsuchen. Anne zum Beispiel hatte im Deutschunterricht enorme Schwierigkeiten. Sie erzählte mir: »Ich kann mich genau dann nicht richtig konzentrieren, wenn ich eine Aufgabe machen soll oder etwas vorlesen soll. Am schlimmsten ist es bei Prüfungen.« Die Engel sagten, sie könnten ihr die Angst gern rausziehen, und Anne stimmte freudig zu. »Alles ist gut«, sagte sie, nachdem es passiert war. Aber ihre nächste Frage lautete: »Und was wird jetzt anders?« Ich spielte den Ball zurück: »Frag doch deine Engel.« Und sie sagte ganz cool nach kurzem Hinhorchen: »Die Engel zeigen mir einfach, was ich hinschreiben soll.« Ihre Mutter kippte fast um. »Doch, wirklich«, sagte Anne. »Ich sehe das immer schon vor mir, was ich hinschreiben soll. Das machen die Engel.« Tatsächlich schrieb sie im nächsten Diktat eine Zwei – und war sehr glücklich darüber.

Ich werde oft gefragt, *warum* Engel-Heilung mit Kindern so viel leichter und schneller geht als mit Erwachsenen. Ich bin mir nicht ganz sicher, woran es genau liegt. Vielleicht haben sich einfach die Synapsen im Gehirn noch nicht so fest verschaltet. Vielleicht sind Ängste und Traurigkeiten noch nicht so eingegraben und haben sich in der Biochemie des Körpers noch nicht so stark verankert.

Wenn ein Mensch schon viele Jahre lang mit einer schädlichen Erfahrung und ihren Auswirkungen zu kämpfen hat, wenn sich immer neue Folgen dieser traumatischen Erfahrung eingeschlichen haben, dann führt das zwangsläufig dazu, dass sich Blockaden, Schwierigkeiten, Ängste und irgendwann auch körperliche Manifestationen in Form von Gesundheitsstörungen oder Krankheiten regelrecht festsetzen. Bei Kindern haben diese Dinge in der Regel einfach noch nicht so viel Zeit gehabt, »auszuhärten«. Deshalb ist auch die Heilung leichter und schneller möglich.

Vielleicht sind Kinder aber auch nur bewusster. Sie sind noch ganz nah an dem Wissen, dass es Engel gibt, sie wissen zumindest unterschwellig noch, dass sie am Anfang ihres Weges mit den Engeln sprechen konnten. In ihrem Bewusstsein ist ganz einfach noch nicht so viel Müll aus dem Leben abgeladen worden, dass die Bewusstheit zugeschüttet wurde.

Schwer traumatisierte Kinder sind natürlich eine Ausnahme. Aber auch sie können ihre Selbstheilungskräfte mit Hilfe der Engel viel leichter aktivieren als Erwachsene, die vielleicht in einer vergleichbaren Situation waren bzw. sind.

Kinder sind übrigens auch die Einzigen, bei denen ich manchmal ein kleines Stück von meinem Prinzip der Selbstverantwortung und des freien Willens abrücke. Wenn ich irgendwo wahrnehme, dass es einem Kind wirklich schlecht geht, dann schicke ich ihm so viel schützendes Licht, wie ich nur kann, um es damit komplett zu umhüllen, und bitte die Engel, den Eltern Einsicht zu schicken, damit dem Kind nicht noch mehr Schaden zugefügt wird.

Selbstvertrauen wiederherstellen

Indem Menschen ihre ursprünglichen Fähigkeiten wieder anwenden, wächst natürlich auch ihr Selbstvertrauen. Vielleicht waren sie jahrelang durch ihre Ängste und Traumata blockiert, und erst nachdem sie sich mit Hilfe der Engel selbst davon befreit haben, stellen sie fest, welche Fähigkeiten sie eigentlich haben. Ein cooles Gefühl!

Ich hatte nie Probleme damit, mir selbst zu vertrauen. Bis heute greife ich auf ein tiefes Urvertrauen zurück, das ich zu einem großen Teil wohl meinem Vater verdanke. Vielleicht sage ich es am besten so: Wenn sich etwas gut für mich anfühlt, dann mache ich es auch. Ich setze alles um, was mir in den Kopf kommt und stimmig ist, und zwar in Windeseile und ohne großes Zögern.

Ich durfte aber auch immer wieder Klienten kennenlernen, denen es an Selbstvertrauen mangelte. Für diese Menschen habe ich mit Hilfe der Engel einen Prozess kreiert, der sie wieder zurück in ihr Selbstvertrauen bringt, bezogen auf sich selbst, ihre Selbstverwirklichung oder einfach auf die Rückkoppelung an das eigene lichte Selbst.

Du verbindest dich wieder mit dir selbst – und dann geht es los, schneller als du erwartet hast. Erst ist es vielleicht nur ein Spüren, dann kommen ganz klare Gedanken, Sätze, innere Bilder … Von den Stufen dieser rasanten Entwicklung werden wir gleich im Detail sprechen.

Praxistipp: Vertrauen wiederherstellen

V = verbinden
E = einsehen
R = richten
T = Teil
R = richten
A = Anfang
U = Ursprung
E = Einheit
N = nehmen

Es ist wie immer alles sehr einfach: Um den Prozess des (Selbst-)Vertrauens wiederherzustellen, **verbindest** du dich wieder, indem du **einsiehst**, was es noch zu **richten** gibt, und dieses **Teil richtest** du zum **Anfang** und **Ursprung** hin, um es als **Einheit** zu **nehmen.** Du nutzt es wieder so, wie es ursprünglich gedacht war. Was du zu richten hast, entdeckst du ja fantastisch einfach, da es dich daran hindert zu vertrauen. Es lastet auf dir. Langsam kennst du bestimmt die Formen auswendig: Angst, Glaubenssatz, Denkweise, Sucht, Verhaltensweise, Blockade, Krankheit … Selbst wenn es nur ein einziges traumatisches Erlebnis war, das sich dort eingenistet hat und dein Vertrauen stört. Schnapp es dir und urzl es gesund.

Ich finde es sehr spannend, seit ich entdeckt habe, wie man Wörter in ihrer Tiefe analysieren kann. Ich könnte ein ganzes Buch über die zerlegten Wörter schreiben, die eigentlich ein Stück des inneren Weges sind, den man gehen möchte. Sie sind eine Hilfe, um alle Verwirrung zu überwinden. Entwirre dich und erinnere dich woher du kommst: aus dem tiefsten Licht. Denk daran, wenn jeder vor seiner Tür kehren und sich selbst heilen würde, hätten wir bald das Paradies auf Erden.

Selbstliebe und Selbstachtung – so wichtig wie Atmen

Selbstliebe hat zunächst einmal ganz viel mit Selbstachtung zu tun. Wenn ich mitten in meinen Ängsten, Blockaden und Traumata feststecke, dann kann ich mich selbst nicht achten. Wenn ich aus all dem mit Hilfe der Engel selbst hinausmarschiere, wenn ich ehrlich mit mir selbst werde, wenn ich so viel geistige, innere Klarheit wiedererlange, dass ich für mich klären kann, was ich wirklich will und wie mein Leben aussehen soll, dann beginnt die Selbstliebe wieder zu fließen. Du wachst auf, du verlierst die Panik, du achtest dich selbst und – du achtest wieder *auf* dich selbst.

Selbstliebe ist so wichtig wie Atmen. Ich habe sie fast vergessen, als ich anfing, anderen zu helfen und zu dienen, bzw. mit meinem Helfersyndrom als Friederike Frieden auf die Erde zu bringen.

Also durfte ich auch hier die Ursache rausziehen lassen. Als ich vierzehn Jahre alt war, wollte ich mich lieber nicht zu schön kleiden oder liebevoll zurechtmachen, weil es mir widerstrebte, anderen Menschen mit mangelnder Selbstliebe etwas zu spiegeln. Dabei wäre meine Aufforderung doch so wichtig gewesen: »Lass endlich dein eigenes Licht leuchten. Hör auf, mich oder andere zu beneiden, und bring dich selbst zum Strahlen.« Stattdessen lebte ich lieber als graue Maus.

Dazu erzähle ich dir eine Geschichte, die dir zeigen soll, wie man lieber nicht leben sollte. Mit vierzehn Jahren war ich mit meinem Hasen namens »Sternchen« zu meinem Vater gezogen. Mein Papa ist ein sehr lieber, ruhiger und lustiger Mensch. Er hatte für mich sehr viel Güte und bedingungslose Liebe in petto, die ich nach einer schwierigen Zeit auch brauchte. Er baute mich in allem auf. Nach der Schule ging ich mit meiner lustigen Freundin Vicky etwas anstellen, was uns Freude machte, und wir leuchteten, egal welche verrückten Ideen uns in den Sinn kamen. In der Schule verhielt ich mich aber ganz anders: Um nicht zu viel zu leuchten, zog ich mich neutral an oder verhielt mich völlig konträr zu meinem fröhlichen Charakter. Und warum? Ich wollte nicht der Spiegel für andere sein. Also bitte: Leuchte und sei ein Spiegel für innere und äußere Schönheit und Harmonie.

Achtung und Achtsamkeit haben sehr viel miteinander zu tun. Achtsamkeit ist nicht nur nach außen gerichtet, sondern es geht auch darum, mich selbst wahrzunehmen, meine wahren Bedürfnisse und meine Wünsche in diesem ganz konkreten Moment. Daraus entsteht eine große Sanftheit im Umgang mit uns selbst. Und wenn ich sanft mit mir selbst umgehe, kann die Sanftheit im Umgang mit der Welt und den Menschen um mich herum erst entstehen.

Checkliste: Gehst du liebevoll und achtsam mit dir um?

Warum es wichtig ist, dass du dir wieder Zeit für deine eigene Selbstliebe und Selbstachtung nimmst, dürfte nun klar sein. Mach zwischendurch ruhig immer mal wieder einen Check, indem du dich fragst, ob die folgenden Punkte zutreffen:

- Ich behandele mich immer liebevoll.
- Meinen Körper achte und liebe ich.
- Ich pflege mein Äußeres wie mein Inneres.
- Ich bin in Harmonie mit meiner Seele, daraus ergibt sich mein Stil im Außen.
- Meinen Körper unterstreiche ich mit meiner inneren Schönheit und bringe diese zum Leuchten.
- Ich sorge für innere Seelenhygiene, indem ich ganzheitlich an mir arbeite.
- Ich achte die Bedürfnisse meines Körpers: Ruhen, Essen, Freude, Leichtigkeit erleben usw.
- Ich belaste mich nicht mit unstimmigen Dingen.
- Ich gehe keine Umwege, die mir nicht guttun.

- Ich vermeide Kontakte, die mir schaden.
- Ich habe nur Kontakte, die mich positiv beeinflussen.
- Ich spreche nicht nur von Liebe und Achtsamkeit, sondern lebe sie auch.
- Alles liegt in mir, nicht im Außen. Das Außen kann mich aber stets daran erinnern, was ich an Schätzen in mir habe.
- Ich beseitige meine Zweifel liebevoll: allein oder mit meinen Engeln.
- Ich bin mitfühlend mit mir selbst und anderen.

Hast du dich wiedererkannt? Wenn dir etwas positiv auffällt, was du übernehmen möchtest, setze es gleich um. Wenn du etwas gespiegelt bekommen hast, auf das du negativ Resonanz gibst, beseitige es mit der URZL-Methode.

Selbstachtung bedeutet also im Grunde genommen nur eines: »Achtung, hier stimmt etwas nicht!« Und was nicht stimmig ist, das tut man sich nicht an und entfernt es liebevoll und in Leichtigkeit für sein eigenes Wohlbefinden und das Wohl der anderen aus seinem Leben. So wirkt sich die Selbstliebe für dich und deine Umgebung wohltuend aus. Aber mach dir keinen Druck, wenn du merkst, dass du nicht in der Selbstliebe und Selbstachtung bist. Und wenn du die Selbstachtung total verloren hast, dann verzweifle nicht: Es ist doch nur die Schockenergie, die da getriggert wurde. Alles ist gut. Lass dir von deinen himmlischen Beratern und Beschützern helfen.

Selbstehrlichkeit entwickeln – wie will ich leben?

Selbstehrlichkeit – die meisten Menschen kennen dieses Wort gar nicht. Es geht eigentlich nur darum, ganz genau auf das zu schauen, *was ist*. Oft kommen Menschen zu mir, die sind ganz einfach »süße Engel«. Sie sind lichtvoll und liebevoll, aber aufgrund ihrer Traumata, ihrer schlechten Erinnerungen und Blockaden sind sie ständig in der Opferrolle. Sie lassen alles mit sich machen, sind ein Spielball anderer Menschen. Da bleibt mir gar nichts anderes übrig, als noch einmal vorn anzusetzen und zu sagen: »Pass mal auf, Süße, du brauchst Selbstehrlichkeit.« Und die meisten wissen dann gar nicht, was das ist. Sie haben das Gefühl dafür vollkommen verloren. Da heißt es, schrittweise vorgehen.

Lisa hat bei mir eine Stunde gebucht. Sie ist eine hübsche junge Frau, hochgewachsen und fast ein bisschen überschlank, mit grazilen Bewegungen, und doch habe ich, als sie hereinkommt, das Gefühl, dass sie sich automatisch kleinmacht. Sie zieht die Schultern nach vorn, spricht mit sehr leiser Stimme – einer wunderschönen Stimme übrigens – so, dass ich das Gefühl habe, sie möchte lieber nicht gehört werden. Nach ein paar einleitenden Sätzen kommt sie dann aber ziemlich schnell auf den Punkt. Sie fühlt sich unwohl, hat das Gefühl, dass ihre Beziehung zu ihrem Freund schiefgeht, und möchte irgendetwas tun, um Klarheit zu bekommen. Ihr Freund ist manchmal sehr schroff zu ihr, dann hat sie das Gefühl, alles falsch zu machen. In dem, was sie erzählt, taucht ständig das Wort »irgendwie« auf. Sie macht einen traurigen, verwirrten Eindruck.

Trotzdem spüre ich die große Kraft in dieser Frau. Sie wird es aushalten, wenn ich sie ganz direkt frage. »Du kennst doch das Gefühl, wenn etwas für dich stimmig ist. Und du kennst auch ganz genau das Gefühl, wenn etwas *nicht* stimmig ist«, setze ich an. Und siehe da, sie stimmt mir sofort zu. Dieses Gefühl kennt sie ganz genau. Ich frage weiter: »Und hast du das Gefühl, die Beziehung, in der du gerade lebst, ist stimmig für dich?« Ich habe die Frage noch gar nicht ganz zu Ende gesprochen, da steht schon ihr lautes, klares »Nein!« im Raum. Da ist sie, die Kraft. Und das wundert mich gar nicht, denn jetzt sind wir in der Selbstehrlichkeit angekommen. Es dauert im Grunde genommen nur ein paar Sekunden, bis sie erkannt hat, dass sie gar nichts falsch macht. In ihrer Beziehung, so wie sie derzeit läuft, stimmt etwas nicht. Sie lebt in dieser Beziehung als Opfer, weil sie in anderen Beziehungen – seit ihrer frühen Kindheit – diese Opferrolle kennengelernt hat.

Von dort aus kann Lisa viele kleine oder auch große Schritte gehen, immer weiter. Sie kann ihr ganzes Leben erforschen, die Vergangenheit und auch das, was jetzt gerade ist. Und sie kommt an den Punkt, wo sie die Engel bittet, das Trauma oder den ganzen »Rattenschwanz« an Traumata, die zu dieser Opferhaltung geführt haben, aus ihr herauszuziehen.

Was dann mit der Beziehung passierte, in der sie lebte und wegen der sie »eigentlich« gekommen war, das ist klar. In den allermeisten Fällen kann eine Beziehung nur weiterleben, wenn sich beide Partner verändern. Wenn einer der Partner sich verändert und der andere stehen bleibt, bedeutet dies möglicherweise das Ende der Beziehung.

Wenn ich einmal damit angefangen habe, wenn ich mich einmal entschieden habe, Selbstehrlichkeit zu praktizieren, kann ich eigentlich nicht mehr zurück. Dann praktiziere ich sie in jeder Situation, egal was kommt. Auch hier geht es wieder gar nicht so sehr ums Lernen und Üben als vielmehr um ein Wiederfinden.

Ohne Selbstehrlichkeit geht wirklich gar nichts. Erst mit Selbstehrlichkeit kann ich etwas ändern. Und Selbstehrlichkeit führt unbedingt zur Veränderung. Wer voller Selbstehrlichkeit auf den Ist-Zustand schaut, die Probleme entdeckt und dann nichts ändert, steckt noch mitten in einem Trauma: im Trauma der Nichtveränderung.

Sarah kommt zu mir mit einer Liste von Dingen, die sie an ihrem Leben stören. Die Liste ist lang: Die Beziehung zu ihren Eltern empfindet sie als extrem belastend, ebenso die zu ihren Schwiegereltern. Ihr Job ist fürchterlich, ihre Wohnung nervt, ihr Mann ist ein Tyrann und die Kinder sind zumindest manchmal richtige kleine Scheusal-Spiegel. Sie schaut ratlos auf das alles und sagt mir, sie habe keine Ahnung, wie man daran wohl etwas ändern könnte. So viel Selbstehrlichkeit – und doch ist da noch eine verschlossene Tür, zu der ihr der Schlüssel fehlt. Mit Hilfe der Engel gehen wir doch noch einmal zu ihren Anfängen und entdecken eine Familie, die geprägt war von Starrheit, fast Versteinerung. Sarah erzählt, dass sie die Rebellin in der Familie war, diejenige, die Regeln verletzte, sich auflehnte, nervte. Und sie erkennt plötzlich, dass sie nichts anderes war als ein Spiegel, dass sie ihrer Mutter immer wieder nur eins sagte: »Verändere etwas!« Und nichts geschah. Irgendwann hat sich in ihrer Seele etwas abgespeichert: Du kannst machen, was du willst, du kannst gegen Regeln und Erstarrungen anrennen, so viel du willst, es ändert sich nichts. Ein regelrechter Glaubenssatz ist daraus geworden. Wir bitten die Engel, diese falsche Überzeugung herauszuziehen. Sarah geht erleichtert nach Hause, aber auch gespannt, was sich in den nächsten Wochen tun wird. Ich bin auch erleichtert. Denn ich weiß ganz genau, mit der Methode hält sie jetzt den Schlüssel in der Hand, um die Türen zur Veränderung aufzuschließen. Ein Urtrauma ist geheilt, und die restlichen Blockaden werden fallen wie die Dominosteine.

»*Es* wird *sich* etwas tun« – ein guter Satz. Vermutlich muss sie gar nicht so viel selbst tun. Sarah hat jahrelang mit der Überzeugung gelebt, dass Veränderung unmöglich sei. Jetzt hat sie diese Überzeugung losgelassen, und damit ist Veränderung automatisch möglich geworden.

Ja oder Nein?

Nun erlebe ich aber immer wieder Menschen, die gar nicht mehr wissen, wie es sich anfühlt, etwas von ganzem Herzen zu wollen. Sie müssen erst allmählich wieder lernen, in sich selbst hineinzuspüren und die Wünsche ihres Herzens zu hören.

Dabei ist auch das eigentlich ganz einfach. Jeder von uns kennt ein klares Ja-Gefühl und ein klares Nein-Gefühl. Was aber nicht alle wissen: Ein klares Nein-Gefühl wird sich durch eine kleine Beimischung von Ja nicht sehr stark verändern. Ein klares Ja-Gefühl verändert sich sofort und verschwindet, sobald eine winzige Beimischung von Nein dazukommt.

Versuch doch mal, dir die Farbpalette eines Malers vorzustellen. Er hat einen weißen und einen schwarzen Farbklecks auf seiner Palette, dazu noch ein paar andere Farben. Wenn er in das Schwarz eine winzige Menge von einer anderen Farbe hineinmischt, dann verändert sich das Schwarz dadurch nicht. Es sieht immer noch richtig schwarz aus. Das ist das Nein. Es ist ziemlich stabil. Wenn der Maler nun aber in den weißen Farbklecks eine kleine Menge Schwarz oder eine andere Farbe hineinmischt, dann ist das Weiß sofort kein Weiß mehr. Das Weiß entspricht dem Ja. Sobald sich irgendetwas hineinmischt, ist es kein richtiges Ja mehr.

Nur wenn mein Ja ein richtiges, volles Ja ist, das aus dem Herzen und aus dem Bauch kommt und ungetrübt ist durch Zweifel oder Angst oder Vorbehalte, dann kann ich meinen Wunsch auch aus ganzem Herzen vertreten. Dann – und nur dann! – wird das Gesetz der Anziehung oder Resonanz auch dafür sorgen, dass sich mein Wunsch erfüllt. Und dann kann ich auch Dinge in meinem Leben verändern.

Woher kommen nun aber Zweifel, Angst und Vorbehalte? Wie beim Spiegelgesetz geht es hier um »Altlasten«. Der negative Zustand, der mir vertraut ist, macht mir weniger Angst als der positive Zustand, den ich nicht kenne.

Überwinden lässt sich das durch ein vorsichtiges Hineinfühlen ins Neue. Was wäre, wenn? Wie würde sich eine Veränderung anfühlen? Sich eine neue Situation einfach mal ganz unverbindlich vorstellen, das macht den meisten Menschen nicht so viel Angst. Und das kann die Brücke zu etwas Neuem sein, zu einer Veränderung aus ganzem Herzen. Denn wenn ich in das Neue hineinfühle und feststelle, dass es in mir ein großes, uneingeschränktes Ja auslöst, dann verändert sich die Biochemie meines Körpers schon durch das Hineinfühlen so sehr, dass ich gar nicht mehr ins Alte zurückkann. Die Neuvernetzung geht so schnell, dass ich mir ein Zurück fast nicht mehr vorstellen kann.

Man muss schon extrem verletzt und verängstigt sein, um das Neue, in das man hineingefühlt hat, danach einfach zu zerschlagen. Dann braucht man die Hilfe der Engel, die alte Lasten und ihre Ursachen lösen und entfernen können.

Ein besonders heikles Feld: Selbstehrlichkeit im Beruf

Ganz häufig kommen Klienten zu mir, die an ihrem Arbeitsplatz leiden oder einfach unglücklich sind. Zunächst einmal gilt es dann, sich zu fragen: Ist dieser Job, den ich derzeit mache, stimmig für mich? Wenn auch nur ein Funken »Nein« in deiner Antwort liegt, stimmt etwas nicht. Dann gilt es, ganz genau hinzuschauen: Was ist da los? Was »stimmt« nicht?

Nur zu oft habe ich mit Klienten zu tun, die mir erklären, doch, ja, ihr Job sei absolut stimmig für sie. Aber ihr trauriges Gesicht erzählt vom Gegenteil. Dann muss ich ihnen sagen: »Ich glaube, du belügst dich gerade ein bisschen selbst.« Und meistens sagen sie dann nach kurzem Nachdenken: »Ja, du hast recht. Eigentlich ist dieser Job überhaupt nicht stimmig für mich.«

Manche Klienten tragen an diesem Punkt eine große Hoffnungslosigkeit mit sich herum. Sie glauben, sie seien gefangen in ihrem Beruf, weil sie ja schließlich Geld für ihren Lebensunterhalt verdienen müssen. Dann müssen wir weit in der Vergangenheit ansetzen und uns Schritt für Schritt wieder nach vorn arbeiten.

Marietta ist eine solche Klientin. Nach außen hin wirkt sie ausgesprochen erfolgreich in ihrem Beruf als Bankkauffrau. Sie ist in den letzten fünfzehn Jahren mit Riesenschritten die Karriereleiter hinaufmarschiert, verdient gut, wird anerkannt. Doch in letzter Zeit spürt sie immer mehr Unzufriedenheit in sich, die sie gar nicht richtig verorten kann. Das wirkt sich auf ihre Beziehung zu ihrem Mann aus, auf ihre Kontakte zu Freundinnen und Familie und ganz allmählich auch auf ihre Gesundheit. Seit ein paar Wochen spürt sie sogar ein lästiges Pfeifen im Ohr: Tinnitus, ein klassisches Symptom für übermäßigen Stress.

Als ich Marietta frage, ob ihr Beruf sich stimmig für sie anfühlt, kommt ihre Antwort wie aus der Pistole geschossen: »Ja, natürlich, mir geht's gut.« Aber die Antwort kommt ein bisschen *zu* schnell, und ihre traurigen Augen sagen etwas ganz anderes. Ich frage nach. »Nein«, gibt sie zu. »In letzter Zeit fühlt sich das alles an wie ein falsches, zu enges Kleidungsstück. Ich gehe nicht mehr gern in die Bank, finde den Job zunehmend anstrengend, und am Wochenende bin ich total erledigt. Aber was soll ich machen? Ich bin jetzt schon so lange dabei – und ich habe ja auch nichts anderes gelernt.«

Ich schlage ihr vor, weit zurückzugehen, in die Zeit vor ihrer Berufsentscheidung. »Gibt es denn irgendetwas, wovon du früher geträumt hast? Was du unbedingt machen wolltest? War dein Weg in einen kaufmännischen Beruf ganz klar deine Entscheidung oder wolltest du eigentlich viel lieber was anderes machen?«

Marietta denkt ein paar Minuten mit geschlossenen Augen nach. Als ich schon denke, ich müsste noch einmal konkreter nachfragen, macht sie die Augen wieder auf. »Eigentlich ... eigentlich wollte ich Künstlerin werden. Aber meine Eltern und Lehrer haben mir davon abgeraten. Sie wollten, dass ich eine Ausbildung machte, und um mich zu trösten sagten sie immer, Kunst wäre vielleicht eine schöne Freizeitbeschäftigung, aber kein richtiger Beruf. Und jetzt stecke ich fest, bin sehr erfolgreich und habe eigentlich gar keine Freizeit mehr.«

Ich frage weiter, und Marietta erzählt. Ihre Vorstellungen sind schon so lange ganz tief in ihrem Inneren vergraben, dass sie sie erst mühsam wieder hervorholen muss. Erst ganz allmählich konkretisiert sich, was ihr wirklich vorschwebt. Aber während sie spricht, verändert sie sich vor meinen Augen. Ihr Gesicht wird weicher, ihre gesamte Ausstrahlung wird intensiver, die »graue Maus« scheint dahinzuschmelzen und sich aufzulösen in lauter Wärme und bunten Farben.

Ich sage ihr nur halb im Spaß, wir könnten auch jetzt gleich mal bei Google nachschauen, wie das konkret heißt, was sie da vorhat. Sie sieht mich erschrocken an, es ist, als hätte ihre Begeisterung eine kalte Dusche abbekommen: »Ja, aber darf ich das denn?«, fragt sie mich.

Es ist nicht das erste Mal, dass ich das von einer Klientin höre. Die Angst vor der eigenen Courage ist groß und sie sitzt tief. Ich schlage Marietta vor, noch einen Schritt weiter zurückzugehen: »Bei welchen Gelegenheiten hast du das zu hören bekommen: ›Du darfst das nicht?‹.« Sie erzählt ein paar Geschichten aus ihrer Kindheit, und schnell wird ihr klar, wie stark sie von ihren Eltern in ihrer Entfaltung eingeschränkt worden ist. Als hätte ihr jemand ständig irgendwelche Hindernisse oder Zäune in den Weg gestellt. Sie seufzt unwillig auf. »Können die Engel das nicht einfach alles mal aus mir rausziehen?«

Ja, das können sie in der Tat, und wenn wir sie darum bitten, dann tun sie es. So und nicht anders funktioniert Heilung von alten Belastungen mit Hilfe der Engel.

Und sobald die »Altlasten« nur noch eine seltsame Erinnerung sind, geht es für viele Klienten mit großen

Schritten weiter. Der echten, bewussten Entscheidung für einen neuen Weg folgen viele neue Schritte. Manche lassen ihren alten Job noch eine Weile weiterlaufen und fangen parallel etwas Neues an, bis sie das Gefühl haben, jetzt läuft die neue Sache richtig gut. Manche entscheiden sich auch von einer Sekunde zur anderen und steigen dann voll ein. Ehrlich gesagt, beobachte ich solche »harten Typen« immer wieder mit Staunen. Es ist durchaus nicht ungewöhnlich, dass so ein neues Unternehmen nach drei Monaten schon erfolgreich läuft. Und um das Geld müssen sie sich dann wenig Sorgen machen.

Wenn Klienten sehr ängstlich und verzagt sind und sich eigentlich gar nicht auf den neuen Weg trauen, gibt es eine andere Möglichkeit, mit Hilfe der Engel aus dem Trauma herauszufinden: Wir gehen dann, geführt von den Engeln, in die neue Situation hinein, stellen sie uns ganz genau und in allen Details vor. Auf diese Weise wird so viel »neue Biochemie« im Menschen verankert, dass es ihm fast unmöglich ist, in die alten Verhältnisse zurückzukehren. Das ist wie ein Austricksen der alten traumatischen Belastungen.

Hier kommen die drei oben genannten Faktoren wieder ins Spiel: die Selbstehrlichkeit, das Spiegelprinzip und das Resonanzprinzip.

Eine neue Körperwahrnehmung – die Harmonie von Körper und Seele entdecken

In dem Moment, wo sich Selbstliebe, Selbstachtung, innere Achtsamkeit und Selbstwertgefühl steigern, empfinden sich Menschen plötzlich wieder als schön. Wenn du in den Spiegel schaust, siehst du deine Liebe zu dir selbst und zu allem. Und du beschließt, anders mit dir umzugehen. Du wirst vielleicht die Dinge, die sonst immer schnell, schnell gehen müssen, achtsam und sanft tun, dich anders pflegen. Du wirst dich vielleicht ein bisschen schminken, wenn du eine Frau bist, oder dich weniger hektisch und grob rasieren, wenn du ein Mann bist. Du wirst vielleicht deine Haare anders pflegen.

Du wirst dich vielleicht anders anziehen, auf die Materialien achten, mit denen du dich umgibst. Du fängst wieder an, dich selbst wahrzunehmen. Das Gesicht wird weicher, deine Hände sehen besser aus … Alles will geliebt sein, auch deine Haare, auch deine Haut, vom Kopf bis zu den Füßen.

Wenn du ein Kleid siehst, das ganz genau zu deiner inneren Schwingung passt, dann willst du es unbedingt haben. Du willst im Außen unterstreichen, was im Inneren schwingt: der Friede, die Liebe, die Ruhe, all die guten Dinge, die in dir sind. Dann fühlst du dich einfach wohl.

Und dann siehst du tatsächlich anders aus – und andere Menschen sehen es auch. Ganz oft erlebe ich es, dass meine Klienten mit einem anderen Aussehen weggehen, als sie gekommen sind.

Angela war ein süßes Mädchen, sie besuchte meinen Kurs zum Engelmedium. Sie versuchte sich unauffällig zu verhalten und ließ immer den anderen den Vortritt, machte sich klein und versuchte nicht zu leuchten. Als wir zum Auflösen der Zweifel bezüglich der Engel kamen, explodierten die in ihr hochkommenden Blockaden förmlich. Wir waren eine sehr harmonische Gruppe und halfen ihr innerhalb von einer Viertelstunde, alle ihre Baustellen aufzuschreiben. Dank der Selbstehrlichkeitsübung war sie ein wahrer Meister darin geworden, für sich aufzudecken, wo ihr etwas fehlte. Während alle sich ihre Ursachen und Auswirkungen rausziehen ließen, bemerkte ich, wie sie immer mehr strahlte. Sie hatte als Einzige die Augen offen und lächelte mich an. Ich wusste, sie hatte ihr eigenes Wesen wieder spüren und erleben können. Ich zwinkerte ihr zu. Sie ließ sich wie die weiteren Kursteilnehmer eine Ursache nach der anderen rausziehen. Als wir uns langsam wieder sammelten, hatte sie ein sehr großes Leuchten an sich, das so weit führte, dass zwei andere Kursteilnehmerinnen fast in Tränen ausbrachen, weil sie sich so für sie freuten. Es lagen eine Sanftmütigkeit, Liebe und Güte in der Luft des Raumes, wie sie den Engeln nicht hätte näher sein können. Am folgenden Tag kam sie in einem neuen Kleid, das sie sich abends, als sie durch München schlenderte, noch gekauft hatte, und meinte ganz keck: »So, jetzt habe ich meine neue Seelenharmonie auch noch im Außen unterstrichen.« Sie erzählte, wie leicht es ihr gefallen war, sich am Morgen liebevoll zurechtzumachen und in völliger Ruhe bei sich selbst zu sein. Dieses Gefühl, meinte sie, habe sie das letzte Mal gehabt, als sie vier Jahre alt gewesen sei.

Diese Geschichte, wie eine traumatisierte Frau dank ihres freien Willens und der Engel-Arbeit sich selbst wiederfand, ist ein wundervolles Beispiel für das Erblühen, das automatisch stattfindet, je mehr Schockenergie aufgelöst wird.

Wir alle kennen Phasen, in denen wir uns regelrecht vernachlässigen. Aber wenn du mal ganz genau hinschaust, dann stellst du bald fest, dass dies immer dann passiert, wenn du nicht in deiner Mitte bist. Auch das ist ein Trauma-Verhalten: Du bist es dir selbst nicht wert, freundlich mit dir umzugehen. Sobald du in die Selbstliebe zurückkehrst – und alles, was wir mit den Engeln tun, ist letztlich ein Zurückkehren – ändert sich das.

Ich freue mich immer, das bei ganz jungen Frauen zu erleben, wenn Innen und Außen eins sind oder wieder eins werden. Sie leuchten und strahlen regelrecht, wenn sie so ganz in der Liebe sind. Man sieht den Weg von innen nach außen ganz deutlich.

Äußere und innere Schönheit dürfen sich entsprechen

In der Esoterik-Szene wird die innere Schönheit oftmals sehr betont und die äußere Schönheit vernachlässigt. Manchmal könnte man sogar den Eindruck gewinnen, als dürfe man nur innerlich schön sein. Äußere Schönheit wird als oberflächliche »Äußerlichkeit« abgelehnt. Ich tue mich sehr schwer mit solchen Vorstellungen. Für mich ist der Körper ganz einfach der Spiegel der Seele, und wenn die Seele sich schön fühlt, dann will auch der Körper schön sein. Das bin ich mir wert, das hat etwas mit Freundlichkeit mir selbst gegenüber zu tun. Nicht mehr und nicht weniger. Ich finde, in dieser Hinsicht sollte es keine Verbote geben, kein »Du sollst« und kein »Du darfst nicht«.

Natürlich gibt es Masken, die Menschen tragen. Natürlich kann man mit Kleidung und anderen Äußerlichkeiten auch überdecken, wie unglücklich man sich fühlt. Aber letztlich ist es immer noch besser, sich wenigstens äußerlich schön zu kleiden und zu pflegen, als das ganze Elend – das wir alle von Zeit zu Zeit oder auch für eine längere Dauer in uns tragen – nach außen zu wenden und damit für alle sichtbar zu machen. Zum einen sieht man in den Augen ohnehin, wie sich ein Mensch wirklich fühlt. Und zum anderen ist es besser, wenigstens im Außen gut mit sich umzugehen, als sich auch noch dort zu vernachlässigen. Wir können uns auch mit schöner Kleidung etwas Gutes tun und damit unsere Stimmung positiv beeinflussen.

Natürlich kann Kleidung auch ein Schutzpanzer und ein Kampfanzug sein, aber es gibt Momente, in denen sich genau das absolut stimmig anfühlt.

Wir können unser Außen und unser Innen nicht trennen, sonst wären wir ja keine Materie, sondern reiner Geist. Wer also glaubt, er dürfe sich nicht schön anziehen, sollte genau hinschauen, was da »nicht stimmt« und warum er gerade nicht im Außen leben möchte.

Checkliste: außen und innen

Stell dir die folgenden Fragen. Wo kannst du freudig Ja sagen oder eine positive Antwort geben? Wo hast du das Gefühl, noch negativ in Resonanz zu sein?

- Ist mir bewusst, dass ich eine Frau oder ein Mann bin und dies auch leben darf? Oder ignoriere ich meinen Körper?
- Lebe ich mein inneres Wesen auch im Außen?
- Habe ich das Bedürfnis, etwas zu entwerfen und anzuziehen, das genau zu meiner Seele passt?
- Was sind meine Seelenfarben? Übertrage ich sie auf meine Kleidung?
- Mein wundervolles inneres Wesen, darf es auch Harmonie in meiner Wohnung versprühen und meine unverkennbare Schwingung in Form von Farben, Formen und Platzierungen hineinbringen?
- Will ich vielleicht meinen Drahtesel pimpen und ganz weiß und pink ansprühen?

Lebe deine Harmonie

Lebe deine Harmonie auch im Außen. Und wenn du sie noch nicht entdeckt hast, dann ändere dies und beginne, indem du …

- … dich in ein positives Gefühl begibst.
- … Formen designst, die deinem Gefühl entsprechen.

- … dabei auf Achtung für Umwelt, Tier und Mensch schaust und auf Tierprodukte wie Leder, Felle und umweltschädliche sowie menschenunwürdige Herstellungsmethoden verzichtest beziehungsweise diese nicht unterstützt.
- … alle Dinge sorgsam behandelst und ihnen einen wunderschönen Platz zuweist.
- … deine Seelenfarben (die Farbe, die dich gerade am meisten anzieht) heraussuchst und im Außen in deiner Garderobe leuchten lässt.
- … mit Liebe deinen Haushalt machst.
- … auf Schnittblumen verzichtest und lieber Blumen zum Einpflanzen besorgst.

Grenzen setzen, Nein sagen, sich schützen

In dem Moment, wo die Traumata herausgezogen werden, ist schon der erste Schutz da. Aber um Grenzen zu setzen und mich zu schützen, muss ich erst einmal wissen, wo die Grenzen zu setzen sind und wo Schutz notwendig ist. Dazu sind Selbstachtung und Selbstehrlichkeit Grundvoraussetzungen: Achtung, was stimmt hier nicht?

Ganz wichtig ist das in Beziehungen, in der Familie, aber auch im Job. Dort spielt natürlich auch die Tatsache eine Rolle, dass es wirtschaftliche Notwendigkeiten gibt.

Wie das Grenzensetzen funktioniert

Dank deinem freien Willen, deiner Selbstehrlichkeit, deinem Selbstvertrauen, deiner Selbstachtung und Selbstliebe hast du die Klarheit wiederhergestellt, die Schutz für dich ergibt. Diese Klarheit schützt dich davor, dass jemand deine Grenzen überschreitet bzw. deine alten Wunden bewusst oder unbewusst wieder aufreißt. Wenn du noch traumatisiert bist, gilt es lediglich, mal wieder dieses Trauma zu entfernen, das du als Kind abbekommen oder vererbt bekommen hast. Es geht also um alle Situationen, in denen es dir als Kind nicht gelang – nicht gelingen konnte – eine Grenze zu setzen, sodass sie zu deinem Nachteil überschritten wurde. Dank deinem offenen und neugierigen Wesen steht dir immer wieder frei, deinen Ist-Zustand zu erkennen, die Ursache zu erforschen und diesen Punkt aus dir rausziehen zu lassen. Hier einige Beispiele für solche Grenzverletzungen, die du vielleicht kennst.

Übung: Werden bei mir Grenzen überschritten? Habe ich in diesem Bereich noch Verletzungen zu heilen?

Schau dir die Leitfragen an. Wo stimmst du zu? An diesen Punkten solltest du mit Hilfe der Engel für Heilung sorgen.

- Lasse ich mich beleidigen?
- Reagiere ich mit Beschimpfungen?
- Werde ich nicht respektiert?

- Erlebe ich körperliche Gewalt? (Bitte geh sofort zur Polizei, wenn das der Fall ist.)
- Werde ich emotional erpresst?
- Werde ich emotional missbraucht? Wird mir emotional und verbal so oft wehgetan, dass ich mich ohnmächtig fühle, mich selbst verletze, ja sogar schon daran gedacht habe, mich umzubringen? (Bitte rufe sofort eine vertraute Freundin oder eine Selbsthilfe-Hotline an, wenn das der Fall ist! Du befindest dich in einer extremen Ohnmachtssituation, in der du Hilfe zum Aufwachen und Rückhalt brauchst!)
- Verletze ich mich selbst körperlich? (Bitte hol dir Hilfe, wenn das der Fall ist.)
- Mache ich Dinge, die ich nicht mag, aber für andere tue?
- Lasse ich abnormale Dinge mit mir machen, die ich nicht will?
- Lasse ich mir drohen?
- Lasse ich mich ausnützen?
- Werde ich respektlos behandelt? Be- und verurteilen mich meine Mitmenschen?
- Habe ich Todesangst? (Setze sofort Grenzen und rufe die Polizei, wenn das der Fall ist. Weder als Kind noch als ältere Person musst du das weiter ertragen! Vor allem wenn du ein Kind bist: Wehre dich und mach den Polizisten klar, was deine Angst ist und warum sie dich beschützen sollen. Je schneller du handelst, umso weniger Trauma-Situationen musst du noch in deinem Leben erleben!)

Das war jetzt ganz schön hart als Spiegel für dich, wenn du negativ in Resonanz mit einem der Punkte gegangen bist. Aber glaube mir, ich habe bei meinen Klienten schon alles erlebt. Leider passiert es immer wieder. So, wie du (aufgrund deiner Traumata) mit dir umgehen lässt, so gehen andere auch mit dir um. Wegen der Schockenergie, die in dir ist und die solche Menschen noch in dein Leben zieht, bist du noch in Resonanz. Es kann wirklich ganz schrecklich sein. Aber du weißt ja jetzt, wie du dir diese Resonanz und ihre Ursachen von den Engeln rausziehen lassen kannst.

Ein neues Verhältnis zur Natur ...

Bis jetzt habe ich viel von Menschen gesprochen, und ich arbeite heute ja auch sehr viel mit Menschen, deshalb ist das ganz natürlich. Allerdings bin ich inzwischen überzeugt, dass es zu meinem ursprünglichen Seelenplan gehört, auch heilend in der Natur zu wirken.

Als Kind war meine Achtung und Ehrfurcht vor der Natur sehr stark ausgeprägt. So stark, dass es mir fast leidtat, über eine Wiese zu gehen. Dafür wurde ich immer ein bisschen als »Freak« abgestempelt. Aber mir war das sehr wichtig.

Bei den Menschen, mit denen ich arbeite, führt der Weg zur Natur häufig über die neu entdeckte oder neu erwachte Selbstliebe. In dem Moment, wo sie wieder in die Selbstliebe kommen, entwickeln sie auch ein starkes Mitgefühl für andere, seien es Menschen oder Tiere.

Viele, wenn nicht die meisten, werden beispielsweise Vegetarier. Nicht, weil sie das aus purer Willenskraft so beschließen, auch nicht, weil sie glauben, dass es ihrer Gesundheit schadet: Sie entwickeln einfach ein starkes Mitgefühl für die Tiere.

Ein Beispiel dafür passierte auf einer Geburtstagsfeier. Das Geburtstagskind ist ein großer, blonder, lichtvoller und sanftmütiger Mann. Sein Geburtstag wurde gefeiert, und plötzlich wurde ein ganzes gebratenes Schwein hereingetragen. Selbst die Fleischesser unter den Gästen waren entsetzt. Vor allem die Kinder waren schockiert. Sie kennen solche Tiere eher aus dem Streichelzoo und als Freunde – und jetzt das. Einige der kleineren Kinder waren sehr geschockt und wollten auf keinen Fall von dem Fleisch essen. Bei ihnen war das Mitgefühl sofort da. Sie wollten mit dieser Barbarei nichts zu tun haben.

Ähnliche Geschichten höre ich häufig von Klienten und vor allem von Kursteilnehmern. Sie entwickeln das Mitgefühl für Tiere neu oder erinnern sich plötzlich an Erlebnisse aus ihrer Kindheit, als ihnen ein Tier zum Essen angeboten wurde, das sie zu Lebzeiten gekannt hatten. Und dann ist einfach Schluss. Viele wollen und können danach kein Fleisch mehr essen, und ich kann sie gut verstehen.

Es kann auch sein, dass du plötzlich anfängst, mit Tieren ganz anders Kontakt aufzunehmen. Es ist, als würden sie mit dir sprechen. Du spürst, wie es ihnen geht, und wenn du Leid bei ihnen entdeckst, dann möchtest du ihnen helfen.

Auf meiner privaten Facebook-Seite habe ich mal ein Video von einer Tierschutzseite geteilt, in dem gezeigt wurde, wie Tiere geschlachtet werden. Das war ziemlich drastisch, ehrlich gesagt, hatte ich es mir selbst gar nicht bis zum Ende angeschaut, bevor ich es übernahm. Ein Freund von mir sah sich das Video an und war vollkommen schockiert. Als er am nächsten Tag seine Semmel mit Schinken belegt hatte und hineinbiss, fand er das Ganze plötzlich total widerwärtig, weil er das Gefühl hatte, er hätte all den Tod und das Leiden und den Schmerz im Mund. Er lief zur Spüle und spuckte den Bissen hinein – und hat danach nie wieder Fleisch gegessen.

Dieses Mitgefühl erstreckt sich aber nicht nur auf Tiere, sondern auf die gesamte Natur. Als mir das erste Mal nach dem Abbruch des Engel-Kontakts in meiner Kindheit ein Baum so richtig von Herzen leidtat, war ich über mich selbst überrascht. Inzwischen halte ich diese Regung für selbstverständlich. Wenn ich irgendwo sehe, dass ein Busch umgeknickt ist, richte ich ihn wieder auf. Wenn ich irgendwo vertrocknete Blumen sehe, versuche ich sie zu gießen. Schnittblumen habe ich schon lange nicht mehr gekauft, und auf einem Spaziergang Blumen zu pflücken, fällt mir seit einiger Zeit auch nicht mehr ein. Eher kaufe ich mir eine Blume mit Wurzel und pflanze sie zu Hause in Erde, um ihr eine echte Lebenschance zu bieten.

Je weiter du mit deinem Mitgefühl gehst, desto mehr entfaltet sich. Du wirst vielleicht die Aura von Tieren und Pflanzen sehen oder die Energie wahrnehmen, die durch sie hindurchfließt. Und mir ist es sogar einmal passiert, dass ich an einem Orangenbaum auf einer Terrasse Lichtwesen gesehen habe, die in seinen Zweigen saßen. Der Baum hatte seine eigenen Schutzengel! Ich habe sogar mit ihnen gesprochen, weil sie sich so köstlich über meine Verblüffung amüsierten.

Zwischen den Welten ist also unheimlich viel los. Viele Menschen haben die Vorstellung, zwischen den Welten sei es dunkel, aber das stimmt überhaupt nicht. Dort ist sehr viel Licht, und je genauer wir hinschauen, desto heller wird es eigentlich.

Aber es ist nicht besonders ratsam, sich ständig zwischen den Welten aufzuhalten. Wir sind dazu da, in *dieser* Welt und auf *dieser* Erde, in *diesem* Bewusstsein zu leben. In der anderen Welt haben wir schon einmal gelebt, und wir werden irgendwann dorthin zurückkehren. Jetzt sind wir hier auf der Erde. Und genau hier sollen wir unser Leben führen. Ständig in die andere Welt oder in den Raum zwischen den Welten zu flüchten, ist eigentlich auch nur ein Trauma-Verhalten. Aus lauter Angst vor dieser Welt und den Verletzungen, die uns dort drohen, flüchten wir an Orte, wo wir uns sicher fühlen. Das ist der falsche Weg, und ich sage es ganz deutlich: Wir sind hier, um *auf dieser Erde* glücklich und sicher zu sein und zu leuchten. Und die Engel sind da, um uns dabei zu helfen.

… und zu den Gegenständen um uns herum

Die neu entdeckte Selbstliebe führt aber nicht nur zu einem anderen Umgang mit den Lebewesen um uns herum, sie zeigt sich auch in einem neuen Verhältnis zu den scheinbar toten Gegenständen, die uns umgeben. So sehr das von manchen Freunden belächelt wird, für mich gilt: Ich behandle alles, was mir gehört und in meiner Wohnung ist, mit Sorgfalt und Liebe. Das gilt für mein Sofakissen ebenso wie für die Blumentöpfe. Ich mache jeden Tag liebevoll mein Bett, räume auf, sorge für die Dinge, die zu mir gehören.

Und ich spüre, wie die Liebe zu mir zurückflutet. In einer Umgebung mit liebevoll gepflegten Gegenständen fühle ich mich einfach wohler, spüre viel mehr Harmonie und bin glücklicher. Nur wenn ich mich liebevoll und mitfühlend mit den Gegenständen verhalte, lebe ich meine eigene Selbstliebe vollständig aus.

Man mag das für zwanghaft halten, finde ich nicht so, aber mir ist es wichtig, dass ich in einer harmonischen Umgebung lebe. Nur in einer solchen Umgebung bin ich in meiner Mitte und auch in gutem Kontakt zu den Engeln. Letztlich ist dieser Umgang mit den Gegenständen nur eine Variante zu dem Thema, über das wir schon gesprochen haben: Der Einklang zwischen innerer und äußerer Schönheit.

Menschen, die sich darüber aufregen und mich für zwanghaft halten, reagieren wohl eher auf das, was ich ihnen spiegele: die Unordnung in ihrem eigenen Innen und Außen.

Anders essen, anders schmecken

Einer Engel-Heilung folgt also oft ein ganz neues Verhältnis zwischen Innen- und Außenwelt. Das betrifft alle Lebensbereiche. Über das Verhältnis zum eigenen Körper, über Kleidung und Schönheit haben wir jetzt schon einiges gehört. Aber nach einer Heilung alter Belastungen durch die Engel entsteht so viel Liebe, dass sie sich noch viel weiter nach außen erstreckt.

Von der Liebe zur Natur und besonders zu den Tieren habe ich schon im vorigen Kapitel gesprochen. Wohlgemerkt: Ich glaube nicht, dass man eine vegetarische Lebensweise erzwingen sollte. Ich erlebe nur, dass es bei vielen Menschen automatisch dazu kommt, dass sie nach allem, was sie an Heilung erlebt haben, keine Tiere mehr essen wollen.

Ganz oft passiert das bei Leuten, die eine Ausbildung im Engel-Hellsehen machen. Sie erleben in dieser Ausbildung ganz neue Formen der Kommunikation, auch der Kommunikation mit Tieren. Und wenn sie dann das nächste Mal an einer Tiefkühltruhe oder an einer Kühltheke im Supermarkt vorbeigehen, dann sagen sie sich: »Aber das sind doch eigentlich meine Freunde!« Und dann ist es mit dem Tiere-Essen eigentlich auch schon vorbei.

Im Zusammenhang mit der Ausbildung hellseherischer Fähigkeiten kann es auch sein, dass sich die Geschmackswahrnehmung verändert. Die Geschmacksnerven verfeinern sich (wie übrigens auch die Geruchsnerven, was manchmal ziemlich anstrengend sein kann). Man schmeckt die Zutaten und eventuelle Zusatzstoffe viel deutlicher heraus, man schmeckt, ob ein Nahrungsmittel noch frisch ist. Bei manchen geht es so weit, dass sie die Gedanken und Gefühle schmecken können, die bei der Zubereitung eine Rolle gespielt haben.

Ich selbst habe früher regelmäßig Bauchschmerzen bekommen, wenn mein Exfreund Salat gemacht hat. Er war so hektisch, grob und unter Strom, dass sich das auf das Essen übertrug. Ich bin selbst auch eher zügig bei der Arbeit, aber ich behandle die Zutaten liebevoll und sorgfältig. Und ich bin sicher, das schmeckt man und es wirkt sich darauf aus, wie man sich beim Essen fühlt. Und wie man das Essen verträgt.

Insgesamt führt das Hellsehen mit Hilfe der Engel ganz klar zu einer allgemeinen Verfeinerung jeder Art von Wahrnehmung. Wir sind dadurch wesentlich mehr Reizen ausgesetzt, aber keine Sorge: Unsere wachsende geistige Klarheit sorgt gleichzeitig dafür, dass wir auch viel mehr Reize verarbeiten können. Trotzdem werden Menschen, die in Kontakt mit den Engeln stehen, ganz allmählich oder auch schlagartig viel sensibler als zuvor.

Selbstverantwortung fördern – der Heilerkodex

Wer die Engel zu Hilfe ruft, um sich selbst Heilung zu bringen, der sollte wissen, dass dieser Weg ganz und gar auf Selbstverantwortung beruht. Du entscheidest selbst, was dir guttut und was nicht. Du verlässt dich auf dein eigenes Herz- und Bauchgefühl: Was brauche ich noch in meinem Leben, was kann weg? Ist eine Situation stimmig für mich oder nicht? Was wird mir gespiegelt, wenn ich mich über einen anderen aufrege, ärgere, wenn ich unter dem Verhalten eines anderen oder unter einer Lebenssituation leide? Wo liegen die Ursachen dafür, dass mir das gespiegelt wird? Was muss ich noch einsehen, was muss da geheilt werden, damit ich nicht mehr in eine solche Situation gerate?

Du selbst bittest die Engel um Hilfe und Heilung. Das kann dir niemand abnehmen: nicht deine Familie, nicht gute Freunde und schon gar nicht ein Heiler oder eine Heilerin, auch nicht, wenn sie mit Hilfe der Engel arbeiten. Das ist im Übrigen auch ein gutes Kriterium, wenn du herausfinden willst, ob der Mensch, den du dir als Helfer aussuchst, es ehrlich mit dir meint. Wenn der Weg mit ihm in die Selbstverantwortung und Freiheit führt, ist schon mal ein guter Anfang gemacht. Wenn der Weg in eine Abhängigkeit führt, wenn sich jemand als eine Art »Guru« darstellt – Finger weg.

Ich war eine Meisterin darin, in meinem Privatleben die Verantwortung für andere zu übernehmen, die zu 90 Prozent einfach zu faul waren, sich mit ihren eigenen Themen zu beschäftigen, etwas in ihrem Leben zu verändern oder ihre eigenen Träume Wirklichkeit werden zu lassen. Das war gefährlich für mich und meine Gesundheit. Tatsächlich kann man krank werden, wenn man anderen zu viel Verantwortung abnimmt. Erkennst du dich in der folgenden Checkliste wieder? Dann sorg bitte mit Hilfe der Engel dafür, dass du dein Verhalten änderst. Damit tust du dir selbst den größten Gefallen.

Checkliste: Zu viel Verantwortung für andere?

Wo kannst du zustimmen? Ändere dein Verhalten möglichst schnell und gründlich.

- Ich schaue nur auf die anderen und nie auf mich selbst.
- Ich denke, ich sei verantwortlich für die anderen.
- Ich arbeite selbst dann noch für andere, wenn ich keine Kräfte mehr habe. Als Erstes kommen für mich immer die anderen, dann ich selbst, wenn überhaupt.
- Ich gehe gern in Kampfgebiete, mische mich ein.
- Ich nehme gern die Schuld anderer auf mich.
- Ich bin immer erreichbar, auch nachts.
- Obwohl ich schon körperlich krank bin, kann ich nicht aufhören.
- Ich kann nicht allein sein und behindere mich selbst, indem ich die Aufgaben anderer übernehme.

- Leidenschaftlich gern nehme ich anderen Lasten ab.
- Aus Mitleid trage ich Verantwortung für einen anderen Menschen.
- Ich fresse alles in mich hinein.
- Ich bin nicht in der Ruhe, sondern meistens angespannt und wie unter Strom.
- Ich zerrede die Projekte, Ideen usw. anderer und weiß oft alles besser.

Um keine Verantwortung mehr für andere zu übernehmen und eigene Verantwortung nicht mehr abzugeben, um dein eigener Macher zu sein und dem anderen die Chance zu geben, sich selbst zu erkennen und selbst ein Macher zu werden, gibt es wieder die eine und immer wieder erwähnte Lösung aus diesem Buch: die URZL-Methode. Schreib die Ist-Zustände auf, identifiziere die Ursachen und lass sie von deinen Engeln rausziehen. So kannst du fröhlich und unbelastet deinen Weg gehen.

Der Heilerkodex

Für den Heiler gilt also: Wer mit Hilfe der Engel Menschen heilt, muss sich an ein paar wichtige Regeln halten. Diese Regeln solltest du kennen, zum einen, um beurteilen zu können, ob ein Heiler oder eine Heilerin richtig für dich ist. Zum anderen aber auch, weil viele Menschen, die selbst Heilung durch die Engel erfahren haben, bald das Bedürfnis verspüren, diese Heilung an andere weiterzugeben. Vielleicht trifft das auch auf dich zu. Dann solltest du auch ganz genau wissen, was du da tust und welche Regeln für dich gelten.

Dass es solche Regeln gibt, ist zunächst einmal juristisch bedingt. In Deutschland dürfen nur diejenigen einen Heilberuf ausüben, das heißt heilend tätig sein und damit Geld verdienen, die eine entsprechende Zulassung haben, also Ärzte und Heilpraktiker.

Diese rechtlich bindenden Auflagen haben gute Gründe: Wer heilend tätig ist, muss nicht nur die Kenntnisse haben, die er fürs Heilen selbst braucht. Er muss auch wissen, was er tun darf und was nicht, wo die Grenzen seiner Tätigkeit liegen. Ein wenig drastisch gesagt: Du musst wissen, dass du einem Menschen die Hände auflegen und für seine Heilung beten oder die Engel um Hilfe bitten darfst, aber du darfst diesen Menschen nicht operieren, du darfst ihm keine verschreibungspflichtigen Medikamente verordnen, keine Spritzen geben usw. Und vor allem: Du darfst *niemals* einem Menschen dazu raten, eine ärztliche Behandlung abzubrechen und sich ausschließlich auf dich zu verlassen.

Der Klient soll auf diese Weise auch davor geschützt werden, an ein »schwarzes Schaf« oder einen »Scharlatan« zu geraten, der ihn womöglich in Gefahr bringt, finanziell schädigt oder in eine Abhängigkeitssituation bringt. Die gesetzlichen Bestimmungen schützen also beide: den Heiler und den Klienten.

Daneben gibt es aber auch Verhaltensregeln, die freiwillig erarbeitet worden sind. Sie sind mindestens ebenso wichtig, denn auch sie schützen. Wenn nämlich ein verwirrter Klient auf einen verwirrten Heiler trifft (und die gibt es, glaub es mir!), dann können sich daraus gefährliche Situationen ergeben – für beide. Deshalb will ich hier kurz auf den sogenannten Heilerkodex oder Verhaltenskodex eingehen, den der »Dachverband Geistiges Heilen« erarbeitet hat und an den auch ich mich halte.

Willensfreiheit

Der freie Wille des Klienten steht über allem. Er entscheidet darüber, ob und wie lange er eine Therapie macht und seine Selbstheilung aufnimmt oder fortsetzt. Er muss diese Entscheidung ohne Druck oder Manipulation fällen können. Er wird auch nicht zu einer bestimmten Anzahl von Sitzungen verpflichtet. Insgesamt wird alles getan, um Abhängigkeiten zu vermeiden.

Verantwortlicher Umgang

Bei aller Selbstverantwortung des Klienten ist das Verantwortungsbewusstsein des Heilers von größter Wichtigkeit. Es leitet alles, was er tut oder unterlässt. Dazu gehört auch ein geduldiger, einfühlsamer und empathischer Umgang mit dem Klienten ohne irgendeine Art von Zudringlichkeit oder Übergriff. Alle persönlichen Informationen des Klienten unterliegen der Schweigepflicht.

Keine Versprechen

Der Heiler verspricht keine Heilung oder Linderung körperlicher oder seelischer Leiden. Er ist sich bewusst, dass er nur ein Werkzeug der heilenden Kraft ist und von sich aus nichts versprechen kann. Auch hier geht es darum, keine Abhängigkeit entstehen zu lassen. Ein verantwortungsbewusster Heiler wird sich nie als »Wunderheiler« bezeichnen oder andere irreführende Titel oder Berufsbezeichnungen verwenden, weil damit falsche Erwartungen des Klienten geweckt werden. Auch die Werbung des Heilers wird entsprechend zurückhaltend sein. Sie dient in erster Linie der Information des Klienten.

Selbstverantwortung fördern

Die Klienten sollen lernen, ihrerseits keine Abhängigkeiten entstehen zu lassen. Sie sollen sich nicht ausschließlich auf den Heiler verlassen, sondern ihn als Wegbegleiter sehen, der einen Arzt oder Heilpraktiker niemals ersetzen kann und ihnen lediglich dabei hilft, ihre Selbstheilungskräfte zu aktivieren. Dies alles wird besprochen, bevor der Therapeut seine Arbeit aufnimmt.

Bezahlung

Wer das Heilen zum Haupt- oder Nebenberuf macht, soll durchaus die Möglichkeit haben, dafür Geld zu verlangen. Es ist gut, wenn Menschen als Therapeuten arbeiten, und bevor sie ihr Geld auf andere Weise verdienen müssen und dadurch womöglich zu wenig Zeit für ihre therapeutische Tätigkeit haben, ist es auf jeden Fall besser, sie lassen sich diese Tätigkeit bezahlen. Für den Klienten sollte von vornherein Klarheit darüber herrschen, welche Kosten auf ihn zukommen.

Verhältnis zu Ärzten, Heilpraktikern und anderen Therapeuten

Das Verhältnis zu Angehörigen anderer Heilberufe sollte von Toleranz und partnerschaftlichem Austausch geprägt sein. Medizinische Diagnosen und Behandlungen gehören in die Hand von Ärzten und Heilpraktikern. Generell gilt, was der Verhaltenskodex sehr klar ausdrückt: »Heiler behandeln keine Krankheiten – sie betreuen Kranke.«

Das Geschäft mit den Engeln

Jeder Mensch kann mit den Engeln in Kontakt treten, jeder Mensch kann hellsehen, auch ohne Bücher und Magazine.

Es geht nur darum, in sich selbst hineinzuschauen, in sich selbst hineinzufühlen, etwas auszuprobieren. Sie brauchen – so seltsam das klingen mag, nachdem ich dieses Buch geschrieben habe – kein einziges Buch, um ein glückliches, heiles Leben zu führen. Es gibt auch Menschen, die zu mir kommen, um eine Ausbildung im Engelheilen zu machen, und denen ich nach kurzem Kontakt sage: »Du brauchst eine solche Ausbildung gar nicht. Du hast schon alles, was du brauchst.«

Wenn Menschen sich nicht trauen, selbst etwas auszuprobieren, selbst in Kontakt mit den Engeln zu treten, für ihre eigene Heilung zu sorgen, dann sind das Auswirkungen alter traumatischer Belastungen. Und eine »Angst-Industrie« hält Menschen in Abhängigkeit, um Geschäfte mit deren Ängsten und Belastungen zu machen.

Dass es so viele ungute Abhängigkeitsbeziehungen zwischen Heilern und Klienten gibt, hat aber natürlich auch mit dem Resonanzprinzip zu tun, über das ich schon ausführlich geschrieben habe. Unklare, verwirrte Heiler ziehen unklare, verwirrte Klienten an und umgekehrt. Sie drehen sich in endlosen »Heilungsschleifen« im Kreis, statt es sich leicht zu machen: Wo es eine Blockade gibt, kann ich sie gemeinsam mit dem Klienten anschauen, dorthin zurückgehen, wo sie entstanden ist, mit Hilfe der Engel die Ursache entfernen – das heißt, wir bitten gemeinsam die Engel, diese Ursache »rauszuziehen«. Dann kann der Klient seinen Weg ungehindert weitergehen.

Sich Selbst Verwirklichen

Endlich sehen können

Die meisten Menschen empfinden eine Heilung durch die Engel als ungeheuer befreiend. Tatsächlich werden ganz neue Kräfte in uns freigesetzt, wenn die Engel ein Trauma, einen Schmerz oder seine Folgen – kurz: eine Belastung mit ihren Ursachen – aus uns herausgezogen haben. Und dabei werden nicht nur neue, vielleicht nie gekannte Kräfte frei. Es entstehen auch ganz neue Interessen, fast automatisch. Jedenfalls kommt es vielen von uns so vor, als ginge das alles von ganz allein.

Ich erlebe immer wieder, dass Klienten zu mir kommen und sagen: »Hey, jetzt, wo ich das los bin … Ich habe da etwas ganz Interessantes gelesen. Kann ich das denn nicht selbst auch mal machen? Ich hätte jetzt so richtig Lust, selbst mal zu probieren, wie das ist, mit den Engeln zu arbeiten. Ich würde so gern selbst mal für andere hellsehen!« Oder sie entwickeln vollkommen unabhängig von dem Engel-Thema ganz neue eigene Pläne beruflicher oder privater Art, werden neugierig auf sich selbst und ihre Fähigkeiten, auf andere Menschen und das, was sie umtreibt. So blühen sie regelrecht auf, genießen ihr Leben mit jedem Tag ein Stückchen mehr, und ich freue mich immer, wenn ich das miterleben darf.

Das liegt natürlich auch daran, dass Menschen viel mehr Energie für positive Dinge zur Verfügung haben, wenn sie nicht mehr so viel davon für den mühsamen, aufreibenden Kampf mit ihren Schatten verbrauchen. Sie stehen nicht mehr so unter Strom, sind entspannter, werden ruhiger – und dann kommt die Kraft, die in ihnen geschlummert und darauf gewartet hat, sich entfalten zu dürfen. Du erinnerst dich vielleicht an das, was ich am Anfang dieses Buches über die Ruhe und über den Prozess des In-die-Ruhe-Kommens gesagt habe:

Richte deine Aufmerksamkeit auf das Problem.

Betrachte das **Ungleichgewicht,** das sich in deinem Leben breitmacht. Wie sieht es aus? Wo liegen die Ursachen? Worin könnte deine stimmige Methode zur Lösung bestehen?

Heile das Ungleichgewicht und stelle so das Gleichgewicht aktiv wieder her. Bitte die Engel, Ursache und Symptome zu entfernen, und leb dich in dem neuen Gleichgewicht ein.

Sorg dafür, dass du **einsehen** kannst, welches wiederkehrende Muster dir in der Vergangenheit immer wieder Schwierigkeiten bereitet hat. So vermeidest du Rückfälle. Es setzen sich automatisch vier Buchstaben zusammen: RUHE.

Der alte Spruch »In der Ruhe liegt die Kraft« meint vielleicht genau dies: Wenn ich in der Ruhe bin, kommt die Kraft von ganz allein. Und dann kommen auch die inneren Bilder, die inneren Wünsche, Träume und Sehnsüchte an die Oberfläche. Und wenn diese erst einmal da sind, wenn du sie spürst und »schmecken« kannst, dann gewinnen sie so viel Eigendynamik, dass du gar nicht anders kannst, als sie Wirklichkeit werden zu lassen.

Was nach klar voneinander getrennten Schritten klingt, ist in Wirklichkeit nur ein einziger Prozess. Menschen schreiten in ihrem Heilungsprozess voran. Es wird immer wieder Punkte geben, wo wir Heilung brauchen, wo wir mit Hilfe der Engel etwas heilen müssen. Und dann geht es in aller Ruhe und Schritt für Schritt weiter. Die Skala dessen, was in deinem Leben möglich ist – die ist nach oben offen. Was für eine wunderbare Vorstellung!

Andererseits ist es für mich ein ganz klares Signal auf noch vorhandene, unter Umständen tief verborgene Traumata, wenn Menschen vor ihren eigenen Möglichkeiten zurückschrecken. Wenn mir ein Klient oder Schüler sagt: »Was du da tust mit dem Hellsehen und so weiter, das macht mir Angst«, dann ist das für mich ein deutliches Zeichen: Da sind noch Ängste, die die Engel heilen können. Gleich oder auch irgendwann in der näheren oder ferneren Zukunft, wenn der oder die Betreffende so weit ist. Vielleicht möchte er oder sie diesen »Schatten« noch. Die Entscheidung, wann der richtige Moment gekommen ist, um den Schatten loszulassen und sich wieder einen Schritt weiter ins Licht zu bewegen, liegt immer bei uns selbst. Und damit wären wir wieder beim Thema »Selbstverantwortung und freier Wille«.

Die Fußgängerzone als Engel-Labor

Wenn die grundlegenden traumatischen Erfahrungen erst einmal herausgezogen sind, mitsamt ihren Ursachen und Folgen, dann wird es eigentlich erst richtig spannend. Denn dann kann jede Situation in deinem Leben, in deinem ganz banalen Alltag, zur Gelegenheit werden, mit den Engeln weiterzuarbeiten.

Ich mache derzeit mit einer Freundin in meiner Freizeit ein Experiment: Wir gehen durch die Fußgängerzone, schlendern hier herum, shoppen da ein bisschen, trinken irgendwo etwas – und achten darauf, ob uns irgendetwas gespiegelt wird, das uns unruhig macht, ärgert, irgendeine negative Reaktion in uns auslöst. Wenn das der Fall ist, kommt immer die gleiche Frage: »Was wird denn jetzt mal wieder getriggert?« Und je nachdem, ob die Störung mehr mich oder mehr meine Freundin betrifft, hilft die jeweils andere, diese Störung mit Hilfe der Engel als Ist-Zustand zu definieren und zu beheben. Wir bitten die Engel, die Störung mitsamt ihrer Ursache aus uns rauszuziehen. Da kann dann an einem einzigen Tag sehr viel Heilung in vielen winzigen Schritten stattfinden. Ich empfehle diese Methode gern solchen Klienten, die schon ein wenig fortgeschritten sind und die sich mit Spaß etwas Gutes tun wollen. Denn im Grunde genommen ist das, was wir dort erleben, der reine Luxus. Wir Erdenbewohner haben großes Glück, dass es so viele Spiegel um uns herum gibt, die uns zeigen, wo es noch etwas zu heilen oder aufzulösen gibt. Stell dir mal vor, wir müssten uns an all das selbst erinnern! Schrecklich! So jedoch bekommen wir unsere Themen geradezu auf dem Silbertablett serviert. Und je öfter wir das machen, umso weniger bleibt übrig.

Der Prozess ist immer derselbe, es ist sozusagen die Kurzform dessen, was bei jeder beliebigen ganz normalen Engel-Heilung passiert. Ein Dialog als Beispiel von meiner Freundin. Schauplatz: Ein Laden in der Münchener Innenstadt.

»Was ist denn jetzt schon wieder los?«

»Die Verkäuferin hat mir total blöd geantwortet, als ich sie nach dem Unterschied zwischen den zwei Taschen wegen des Tierschutzes gefragt habe. Das ärgert mich richtig. Man wird doch wohl mal fragen dürfen!«

»Und woran erinnert sie dich, wenn sie dich so blöd anredet?«

»Ich hatte eine Lehrerin, die hatte genau den gleichen Tonfall drauf, wenn ich sie was gefragt habe. Immer so'n bisschen, herablassend und genervt. Als wäre ich der totale Idiot, eine solche Frage zu stellen.«

»Und willst du diese Sache noch behalten oder willst du sie loswerden?«

»Nee, die brauche ich wirklich nicht mehr.

»Willst du noch die Ursache wissen?« – »Nein, die Engel sollen sie einfach rausziehen. Also los, liebe Engel, wie viel Mal soll ich atmen, während ihr das rauszieht?«

(Atmet neun Mal)

»Und, besser?«

»Ja, ist schon weg.«

Als Erdenengel leben – aus dem Herzen leben

Wenn die Traumata, die meine Klienten möglicherweise jahrelang mit sich herumgeschleppt haben, irgendwann mit Hilfe der Engel aufgelöst sind (allein oder unter der Anleitung eines Engelheilers oder einer Engelheilerin, in einer Praxis oder zu Hause, am besten jedoch immer mit Hilfe einer Vertrauensperson, die dich gut kennt und dir wohlgesinnt ist), dann kommen die Leute schon und fragen, wie es jetzt weitergeht.

Das Bewusstsein verändert sich, Menschen lernen sich selbst immer besser kennen, erfahren jeden Tag noch ein bisschen mehr über ihre Möglichkeiten – und haben keine Angst mehr. Und dann wollen sie wissen, wie das geht mit dem Hellsehen. Vielleicht sollte man es überhaupt viel lieber als »Klarsehen« bezeichnen. Und die meisten stellen dann ganz erstaunt fest, dass sie die Fähigkeit dazu nicht mühsam neu »erlernen« müssen, sondern dass sie sie immer schon in sich getragen haben, ohne es zu merken. Dass sie nichts »erlernen«, sondern vielmehr etwas »verlernen, rausziehen lassen« müssen, um weiterzukommen: ihre Angst, ihre Blockaden, ihren Schatten, der ihnen die Sicht verstellt.

Das gilt aber (siehe oben!) nicht nur fürs Hellsehen, sondern auch für alle nur denkbaren anderen Fähigkeiten oder Möglichkeiten. Du trägst so viel in dir, was sich gern entfalten möchte. Du musst gar nicht viel lernen, du musst nur dafür sorgen, dass der Weg frei wird. Mit Hilfe dieses Buches bist du damit jetzt schon Schritt für Schritt ganz schön weit gekommen. Und die Engel sind deine besten Begleiter auf diesem Weg, der dich immer mehr in die Freiheit führt.

Das Ergebnis ist ein Zustand innerer geistiger Klarheit, der einfach schön ist. Dieser Zustand ist geprägt von Ruhe, Frieden, Selbstliebe und ganz viel Liebe für das, was mich umgibt. Großartig, wenn man das erleben darf!

Damit du diesen Zustand aber wirklich erleben und genießen kannst, muss die Heilung bis in dein Herz vordringen. Zum Glück ist das der Ort, an dem die Engel sich am allerliebsten aufhalten. Das Herz – und ich meine tatsächlich das körperliche Herz, die Stelle in unserem Körper – ist der Ort, an dem sich alles vollzieht. Es ist die Voraussetzung für unser ganzes Leben und unseren ganzen eigenen Glauben. Nur wenn du in deinem Herzen spürst, was stimmig ist und was nicht, nur dann kannst du auch in innerer Klarheit und in innerem Frieden leben, mit großer Liebe für alles, was ist – auch für dich selbst.

Meine Freundin und ich, beide als Erdenengel unterwegs, nutzen im Moment nicht nur die Fußgängerzone als Spiegel-Labor für die Heilung von Störungen mit Hilfe der Engel, wir drehen derzeit auch kurze Filme über das, was passiert, wenn man mit den Engeln lebt und sie ganz und gar in sein Leben integriert. Das ist unsere eigene Form einer »Reality-Soap«. Wir wollen damit dokumentieren, wie gut das Leben mit den Engeln sich anfühlt und wie schön es ist, in der Leichtigkeit mit den Engeln zu leben.

Wir zeigen, was passiert, wenn man in einer konkreten Lebenssituation die Engel um Rat bittet, wie sich unser Aussehen verändert, wenn wir in unmittelbarem Kontakt mit den Engeln sind (dann werden zum Beispiel die Augen ganz groß und weit) und wie sich der Rat der Engel bei uns, in unserem ganz normalen Alltag, auswirkt. Wie einfach alles wird, wenn man sich voll auf die Engel verlässt.

Natürlich reden auch wir nicht ständig mit den Engeln. Es kann durchaus sein, dass wir mal einen Tag gar nicht mit ihnen in Kontakt sind, weil wir keine Lust dazu haben oder weil wir selbst ganz gut wissen, wohin wir gehen wollen. Oder weil es gerade keinen Anlass gibt, sie zu fragen, solange sich in unserem Leben und unserem Alltag alles gut und stimmig anfühlt.

Aber lustiger ist das Leben tatsächlich *mit* den Engeln. Für mich hat es wirklich nur Vorteile, dass ich die Engel so fest in mein Leben integriert habe. Und ich weiß von vielen anderen, dass es ihnen genauso geht, mit Erfolg und Lebensfreude. Als Erdenengel lebst du auf jeden Fall sehr vergnügt und frei. Wir bestellen uns, was wir brauchen, manchmal auch einfach nur so zum Spaß, und versuchen die Geschichten mit unseren Filmen zu dokumentieren, um anderen Leuten Mut zu machen, es auch zu versuchen. Geschichten wie die folgenden:

Meine Freundin und ich hatten zum Beispiel die hervorragende Idee, eine Stiftung zu gründen für Kinder, die von ihren Eltern ständig traumatisiert werden und kaum eine Chance haben, dieser Situation zu entkommen. Das ist natürlich kein kleines Unterfangen; die Gründung einer solchen Stiftung hat alle möglichen rechtlichen und finanziellen Voraussetzungen und ist eigentlich nur etwas für Experten. Und wir sind überhaupt keine Experten auf diesem Gebiet. Außerdem braucht man, damit eine solche Stiftung mit dem nötigen Kapital ausgestattet ist, jede Menge finanzielle Unterstützung von Leuten mit Mitgefühl und viel Geld.

Also, was tun? »Wir können das nicht alleine finanzieren«, sagte ich zu ihr. So begeistert ich von unserer Grundidee war, ich sah einfach gerade nicht, wie wir die Sache anpacken sollten, um sie erfolgreich durchzuführen. »Okay, ich lerne einfach in den nächsten Tagen jemanden kennen, der uns hilft«, erwiderte meine Freundin und lachte. Dann »bestellte« sie sich den Unterstützer – und er fand sie wenig später auf einem Flirtportal bei Facebook. Sie trafen sich ein paar Tage darauf, und es stellte sich heraus, dass er nicht nur ein sehr netter, angenehmer Typ war, sondern dass er auch noch sehr viel Geld hatte, welches er genau in solche Projekte steckte. Und dass er sich sofort von unserer Begeisterung für die Idee mit der Stiftung anstecken ließ und bereit war, in unseren Plan zu investieren. Wir werden sehen, was daraus wird, die Begeisterung für unseren Plan ist jedenfalls nach wie vor groß. Die Engel fand er auch gut. Ohne Angst ließ er sich alles erklären und probierte den Engel-Kontakt aus. Er brauchte nur ein paar Sekunden, schoss die Antwort heraus und benannte den Erzengel Raphael. Jeder braucht da seine Zeit, um sich zu erinnern und zu erwachen, bei ihm ging es wirklich schnell. Allerdings war er nach meiner Analyse seines Verhaltens und seiner emotionalen Intelligenz nicht gerade traumatisiert. Also war mir gleich klar, wieso es bei ihm so schnell klappte.

Es müssen aber gar nicht immer so große Geschichten passieren, es geht auch ganz klein und im Alltag. Zum Beispiel gibt es in dem Haus, in dem ich wohne, einen gemeinsamen Wäschetrockner, der mit Fünfzig-Cent-Stücken gefüttert werden muss. Und natürlich hatte ich wieder mal nicht daran gedacht, mich rechtzeitig mit einem Vorrat an Münzen einzudecken. »Ach, Engel, ich habe jetzt wirklich keine Lust und auch überhaupt keine Zeit, zur Bank zu gehen, könnt ihr nicht für mich sorgen?«, sagte ich so vor mich hin, als ich aus dem Haus ging, um etwas einzukaufen. Und was passierte? Die Kassiererin gab mir das gesamte Rückgeld in Fünfzig-Cent-Stücken und entschuldigte sich dafür mit einem sehr freundlichen Blick und den Worten: »Hier, für Ihren Waschtag.« Als ich zu ihr sagte: »Danke, das hatte ich mir gerade vor ein paar Minuten so bestellt«, war sie wohl etwas ratlos und hielt mich für eine Spinnerin, aber ich habe mich mal wieder sehr gefreut, wie gut die Engel für mich sorgen und wie leicht mein Leben geworden ist, seitdem ich ihnen weitgehend das Ruder überlasse und nicht meine, ich müsste alles immer selbst schultern.

Vor ein paar Tagen haben meine Freundin und ich uns bestellt, dass uns jemand auf eine heiße Schokolade einladen sollte. Selbst das hat geklappt, und der Typ, der uns einlud, war auch noch sehr nett und ein lustiger Gesprächspartner. Und als wir uns kurz darauf bestellt haben, doch endlich mal wieder einen anderen Erdenengel kennenzulernen, tauchte an der Münchner Oper ein junger Mann mit Skateboard auf, der uns sofort in ein Gespräch verwickelte. Es kam ziemlich schnell raus, dass er natürlich auch mit den Engeln lebt und sehr fröhlich dabei ist.

Lichtwünsche – wie man das Resonanzprinzip richtig anwendet

Unabhängig davon, ob wir noch viel oder wenig zu heilen haben, ob wir noch mit ein paar Schatten auf unserer Seele durchs Leben gehen oder schon ganz viel Licht sehen: Wenn die Heilung erst einmal losgegangen ist, wird das Resonanzprinzip, richtig angewendet, zu einem machtvollen Instrument, das uns hilft, ein gutes Leben zu führen.

Dazu braucht es gar nicht viel. Wenn ich etwas wirklich – und dann auch noch wirklich zu diesem bestimmten Zeitpunkt – will und in Herz und Seele hundertprozentig von meinem Wunsch überzeugt bin, dann formuliere ich diesen Wunsch und »schreie ihn in den Himmel«. Du bist in Resonanz mit den Engeln, du sagst ihnen: »Liebe Engel, ich hätte gern dies oder jenes«, und du schickst den Wunsch ab wie eine Bestellung im Internet. Durch dein gewachsenes und ständig weiterwachsendes Vertrauen in die Engel hast du die besten Voraussetzungen dafür, dass dein Wunsch erfüllt wird.

Wichtig ist dabei, dass sich der Wunsch ganz und gar stimmig anfühlt, dass du also keinerlei Vorbehalte in dir spürst. Es ist wirklich unabdingbar, dass du dir darüber sehr genau und mit großer Selbstehrlichkeit Rechenschaft gibst. Wenn du dabei feststellst, dass noch Zweifel da sind, dann geh zunächst einmal diese Zweifel an. Denn sie sind ein Ist-Zustand, der eine Ursache in deiner Vergangenheit hat, und diese Ursache kannst du wieder von den Engeln entfernen lassen. Sonst wird die Resonanz auf diesen Zweifel die Erfüllung des Wunsches vielleicht verhindern oder verbiegen. Wenn du keine Zweifel mehr in dir hast, dann gibt es auch keine Resonanz mehr in dir auf die Möglichkeit, dass dein Wunsch nicht erfüllt werden könnte. Es gibt kein »Vielleicht« und kein »Eigentlich« mehr. Und wenn diese Eindeutigkeit da ist, dann ist das »In-den-Himmel-Schreien« wie eine Bestellung, die gar nicht anders kann als erfüllt werden, und zwar eins zu eins. Aber das liegt natürlich auch daran, dass du, sobald du an einem bestimmten Punkt geheilt bist und noch ein paar wichtige Schritte der Heilung vollzogen hast, nicht mehr mit Dingen in Resonanz gehst, die dir nicht guttun oder die du »eigentlich« gar nicht willst.

Seit ich dieses Prinzip für mich entdeckt habe, sind viele wunderbare Dinge in meinem Leben passiert, und zwar mit großer Leichtigkeit, ohne dass ich mich sehr dafür anstrengen musste. Dieses Buch wäre nie entstanden, wenn ich das »In-den-Himmel-Schreien« nicht gelernt hätte.

Ich habe noch zwei private banale Bestellungsgeschichten hierzu. Banal, weil sie für dich nicht wichtig sind. Aber sie zeigen, dass man auch klein anfangen kann.

Die erste Geschichte: Als ich mir meine Wohnung bestellte, hatte ich ziemlich hohe Ansprüche: Erstbezug, Dachgeschoss, positive Gegend, energiesparend, weißer Holzboden, Fußbodenheizung … ich bestellte das alles ganz genau.

Nach einiger Zeit stieß ich zufällig auf eine Vermittlungsseite für Immobilien und sah eine Wohnung nur mit Grundriss, noch im Bau, die Gegend passte. Ich las alles durch: Fußbodenheizung für die verfrorene Friederike, energiesparend, Erstbezug, Dachgeschoss usw. Kurz: Es war genau meine Wohnung. Ich bewarb mich und vergaß ausgerechnet den ersten Termin zur Besichtigung. Der Makler rief mich an und schlug mir in aller Seelenruhe einen neuen Termin vor. Was es in München eigentlich gar nicht gibt, denn hier stehen bei jedem Besichtigungstermin dreißig Bewerber auf einmal in der Wohnung und kämpfen um den Mietvertrag. Ich erschien also zu unserem zweiten Termin und wusste, die Wohnung war perfekt. Ich hatte die ganze Besichtigung für mich allein, keiner kam danach, kein Stress, nichts.

Ich brachte ihm die Nachweise in sein Büro, da ich zufällig in der gleichen Straße wohnte, und er sagte mir am nächsten Tag zu. Irgendwie kam es mir schon verrückt vor, dass normalerweise Horden solche Wohnungen einrennen, wie ich es bei Freundinnen erlebt habe, und bei mir … Na ja, sie war halt für mich reserviert. Wieder eine Bestellung, die ich von Herzen wollte und die deshalb auch geklappt hat.

Und die zweite Geschichte? Natürlich habe ich es bei meiner Autobestellung genauso gemacht wie bei der Wohnung. Ich habe einfach bestellt, was ich wollte. Mein damaliger Freund hörte meinen Wunsch und organisierte mir mit seinem Vater über ein Autohaus mein Wunschauto. Allerdings sagten sie vorab, es hätte leider keine beigefarbenen, schön positiv leuchtenden Sitze und nicht so eine Innenausstattung, wie ich sie wollte. An dem Tag, als er mit seinem Dad das Auto abholte, stand dort ein Auto mit beigefarbenen Sitzen. Sein Vater musste lachen: »Ist das unseres, das wir abholen sollen?« Ja, das war mein Auto. »Typisch Friederike«, sagte mein Freund. »Jetzt hat sie auch noch ihre beigefarbenen Sitze bekommen.«

Ich will aber hier auch noch eine andere, ziemlich schräge »Bestellungsgeschichte« erzählen, die nicht mir passiert ist, sondern einer guten Freundin. Sie hatte sich einen Partner gewünscht und war wenig später einem Mann begegnet, von dem sie sich sehr angezogen fühlte. Nach ein paar recht erfreulichen Treffen fing die Sache aber an, ganz seltsam aus dem Ruder zu laufen. Der Mann redete ihr ständig in die Dinge hinein, die sie machte – sie ist Designerin – und versuchte, sie auf einen anderen Weg zu bringen. Er respektierte keine ihrer Entscheidungen und entpuppte sich immer mehr als Kontrollfreak. So konnte er zum Beispiel ausgesprochen beleidigt reagieren, wenn er sie einlud und sie keinen Alkohol trinken wollte. Als es wieder einmal so weit war, nahm sie Kontakt mit den Engeln auf und fragte sie, was dieser Mann ihr eigentlich spiegelte. Dann sagte sie zu den Engeln, sie habe verstanden und sie brauche diese Verabredung jetzt nicht mehr. »Okay«, sagte sie. »Ich glaube, ich möchte diese Bestellung jetzt ganz schnell stornieren.« Zu dem Mann sagte sie, sie gehe jetzt nach Hause. Wenn er sich so verhalte, wolle sie nicht mehr in seiner Nähe sein. Zu Hause angekommen, rief sie mich an und war unglaublich stolz auf sich. Es ging ihr großartig. Die Spiegelung war wichtig gewesen, aber sie würde dafür sorgen, dass die Engel ihr jetzt halfen, das Thema aufzulösen. Die Verabredung war durch den Konflikt zu einem rasend schnellen Ende gekommen. Ich habe diese Freundin selten so glücklich und zufrieden erlebt wie an diesem Abend, nachdem sie den Typen »abbestellt« hatte.

Eine andere Art des Umgangs mit dem Resonanzprinzip ist das »Eigentlich«. Wenn ich nicht ganz klar mit meinen Wünschen umgehe, wenn ich also den »Herz-Bauch-Check« nicht mache und dann aufgrund irgendwelcher großer Pläne Bestellungen aufgebe, bei denen ich in Wirklichkeit kein gutes Gefühl habe, dann wird nichts passieren. Aber vielleicht verbirgt sich hinter all den vermeintlich großen Plänen, die nie verwirklicht werden, der »eigentliche« Wunsch, auf den ich mich konzentrieren kann und der mein Herz erfüllt.

Denn ganz klar: Mit halbem Herzen geht gar nichts. Nur das, was ich wirklich von ganzem Herzen und mit dem besten Bauchgefühl will, kann ich mit Hilfe des Resonanzprinzips auch anziehen. Sonst werde ich mir immer selbst im Weg stehen. Und wer sich immer wieder selbst abbremst, verbraucht jede Menge Energie, die er zum Vorwärtskommen eigentlich dringend nötig hätte. Aber das kann nicht mehr eintreten, wenn du geheilt bist und keine Resonanz auf negative Einflüsse von außen mehr zeigst.

Praxistipps: Bestellen und abbestellen

Hier noch ein paar Beispiele in Form von störenden Glaubensmustern. Wenn du irgendetwas davon in dir wiedererkennst, solltest du dich mit Hilfe der Engel davon befreien:

- Ich habe es nicht verdient, gut zu leben.
- Es gibt keine Bestellungen an die Engel oder das Universum.
- So einfach ist das nun wirklich nicht.
- Ich bin es nicht wert, Wünsche zu versenden.
- Ich bin es nicht wert, Geschenke zu empfangen.
- Ich habe noch nicht genügend aufgeräumt, um es bekommen zu dürfen.
- Ich zweifle doch noch an mir in einem Punkt …
- Ich bekomme Angst, das ist ja so mächtig.
- Kann ich damit jemandem schaden? (Nein!)
- Ich erschrecke mich ja total, wenn es eintritt.
- Dann bin ich ja wieder weiter als mein Umfeld.
- Ich muss erst zum Hellseher/Engelmedium rennen und mir bestätigen lassen, dass ich richtig bestellt habe.
- Was ist, wenn ich das Geschenk dann doch nicht will?
- Irgendwie fühlt sich meine Bestellung noch nicht so stimmig an.

Bestellungen sind immer dann fällig, wenn du den Zeitpunkt selbst bestimmen willst, zu dem sich eine Verabredung realisiert. Aber auch hier gilt: Bestell dir nur dann etwas, wenn du nach einem gründlichen Check von Herz und Bauch ein klares, deutliches Ja-Gefühl hast.

So ging es mir mit dem Fernsehinterview, für das ich vor einiger Zeit angefragt wurde. Ich war mir sicher, jetzt ist es richtig, aber ich wollte selbst nicht mühsam daran herumzerren, sondern wünschte mir, die Redaktion würde von sich aus Kontakt mit mir aufnehmen. Und so geschah es, ohne dass ich selbst einen Finger dafür gerührt hätte.

Andererseits hatte ich zum Beispiel 2010 das Gefühl, nun wäre es Zeit für ein eigenes Buch über meine Arbeit mit den Engeln. Daraufhin habe ich mir dieses Buch »bestellt«. Dann wurde mir aus verschiedenen Gründen allerdings sehr bald klar, dass der richtige Zeitpunkt doch noch nicht gekommen war. Also bestellte ich das Buch schleunigst wieder ab. Und damit verlief diese Sache dann auch im Sande.

2012 nahm ich einen neuen Anlauf. Diesmal war ich mir absolut sicher, dass es der richtige Zeitpunkt war. Und wenig später nahm der Verlag mit mir Kontakt auf, in dem mein Buch jetzt erscheint. Die Lektorin erzählte mir, sie habe mich schon 2010 anschreiben wollen, sich dann aber aus verschiedenen Gründen doch dagegen entschieden. Ganz von ihrer Liste gestrichen hatte sie mich aber nicht. Als ich ihr erzählte, dass ich sie »abbestellt« hatte, haben wir sehr gelacht.

Viele Klienten klagen allerdings darüber, dass das Bestellen und Abbestellen bei ihnen nicht funktioniere. Ich erkläre das so: Wenn in deinem Kopf noch eine alte, durch traumatische Belastungen bedingte Denkweise vorherrscht, behindert sie ganz automatisch das Bestellen und Abbestellen. Dann ist es nötig, die alte Belastung erst einmal von den Engeln herausziehen zu lassen und zu heilen. Sobald die Blockade verschwindet, fällt das Bestellen viel leichter und wird auch funktionieren.

Ich kenne viele Menschen, bei denen es funktioniert. Sie sind sehr verschieden und leben unter ganz unterschiedlichen Umständen. Sie sind über die ganze Erde verteilt, sind Männer oder Frauen, jung oder alt, ihre Hautfarben sind unterschiedlich. Manche sind richtig reich und haben gelernt, Energien (Geld) ethisch korrekt zu vermehren, andere haben gerade genug zum Leben. Sie sind Banker oder Lehrerinnen, Studenten oder Ärztinnen, haben viele Kinder oder sind Single. Manche stehen in einem ganz engen, innigen Kontakt mit den Engeln, andere haben ihr Licht auf eine vollkommen andere Weise gefunden. Sie haben eine lange Heilungsgeschichte durchlebt oder hatten nie etwas Tragisches zu heilen (das trifft aber wirklich nur auf ganz wenige Menschen zu). Doch bei aller Unterschiedlichkeit und Buntheit haben sie eins gemeinsam: Sie sind in dem Bereich, in dem sie leben, arbeiten, tätig sind, auf ihre ganz eigene, individuelle Weise sehr erfolgreich. Wobei Erfolg – das will ich hier ganz klar sagen, auch in Abgrenzung zu manchen anderen Autoren, vor allem aus den USA – sich für mich überhaupt nicht am finanziellen Einkommen messen lässt. Und sie fallen deshalb nicht so sehr in der Öffentlichkeit auf, weil sie sich nie hinstellen und ungefragt großartig darüber reden. Sie haben diese Selbstdarstellung nicht nötig, weil sie mit sich im Reinen sind und weder sich noch anderen irgendetwas beweisen müssen. Ihr Ego ist voller Licht, sie brauchen solche Dinge nicht mehr. Apropos Erfolg – auch dieses Wort habe ich für mich und dich analysiert:

ERFOLG
E = Einheit
R = Richtung
F = Frieden
O = ordnen
L = Licht
G = geben

Nachdem ich das Wort Erfolg mit meinen Engeln auseinandergenommen habe, ist mir klar, warum Produkte, die der Menschheit besonders gute Lösungen schenken, auch ganz besonders erfolgreich sind. Diese bewusst oder unbewusst gechannelten Erfindungen bringen einfach immer da eine Lösung, wo es Licht im Dunkel braucht. Und wie ist das Produkt dann? Hilfreich hell. Da jeder davon wie auch immer profitiert, kaufen es auch so viele. Es ist völlig normal, mit den Engeln in Kontakt zu sein und sich zu erinnern. Insofern ist es auch gar nichts Neues, Produkte bewusst oder unbewusst zu channeln. Im Gegenteil: Es ist eine notwendige, ganz normale Voraussetzung für Erfolg, im Licht zu sein und Licht in unser Erdenexperiment zu bringen. Deshalb sollte man auch das Internet nicht schlechtreden, es hat schon viel Licht gebracht und Veränderung ermöglicht, die sonst gar nicht möglich gewesen wären.

Das ist übrigens auch der Sinn dieses Buches und des ganzen Weges, den ich in den letzten Jahren mit Hilfe der Engel zurückgelegt habe ...

Eine wirklich bemerkenswerte Bestellungsart hatte eine Klientin von mir, die mit ihrer Haut zu kämpfen hatte. Sie kam nur, um den Engel-Kontakt herzustellen, nicht wegen einer Heilung. Während sie super mit ihren Engeln durchstartete, bat ich die Engel, sie liebevoll auf ihre zu heilende Seele hinzuweisen, die durch die verletzte Haut schrie. Plötzlich meinte sie: »Friederike, die Engel sagen, ich soll mich mit ihrer Hilfe selbst heilen.«

Ich fragte sie, was denn genau zu heilen sei.

»Na ja, meine Haut.«

Ich bat sie, nachzufragen, was die Ursache für den jetzigen Zustand sei. Sie erzählte mir einige böse Geschichten aus ihrer Kindheit, ich erklärte ihr die URZL-Methode, und sie war begeistert. Wir lösten einiges auf, und am Ende der Stunde bestellte sie sich bei ihren Engeln Hinweise, wie sie zu heilendes noch schneller erkennen könne.

Ein paar Monate später kam sie strahlend wieder. Sie hatte keinen Ausschlag mehr. »Es war total lustig«, sagte sie, »ich habe nicht nur gespiegelt bekommen, welche Traumata ich auflösen durfte. Selbst Produkte wie Waschmittel spiegelten mir, was nicht gut für mich ist. Ich hatte die ganze Zeit allergisch auf sie reagiert, weil mein Körper schon so belastet war. Nachdem ich das erkannt hatte, wechselte ich mein Waschmittel, und siehe da, mein Ausschlag verschwand zur Hälfte wie von allein. Das ging dann so weiter: Meine Zahnpasta war zu scharf, von einem bestimmten Salz bekam ich rote Pusteln, ein bestimmtes Duschgel führte zu Quaddeln am Körper, Weizen, Milch … Und dann die Glaubenssätze und Gefühle: Ich stehe unter Druck, ich bin angespannt, ich stehe unter Strom, ich bin gestresst. Nachdem sie diese Gefühle aufgelöst hatte und nicht mehr in Resonanz damit ging, verschwand die Röte komplett, und sie sah zum ersten Mal wieder ihr Selbst. Und eine Schwermetallentgiftung gönnte sie sich auch noch.

Ein Engel für andere sein

Ich habe es am Anfang dieses Buches schon gesagt: Der beste Nachweis dafür, dass sich schon sehr viel Heilung in dir vollzogen hat, ist deine Zunahme an innerer Ruhe, Kraft und Stärke. Je weniger Energie du für das Triggern mit deinen Schatten brauchst, desto mehr Kraft steht dir für dein »richtiges Leben« zur Verfügung. Diese Kraft fühlt sich hell an, als würdest du leuchten. Und das wird auch von außen sichtbar: Du leuchtest als Vorbild und als Spiegel.

Schon dieses Leuchten hilft übrigens anderen Menschen. Je mehr Licht du in die Welt bringst, desto besser!

Ob du darüber hinaus auch noch einen Beruf aus deinem Dasein als Erdenengel machst, so wie es bei mir der Fall ist, das ist eine ganz andere Frage. Es geht auch gar nicht immer nur darum, Dinge für andere zu tun. Niemandem ist damit geholfen, wenn du immer nur helfen willst. Das wäre dann ein Muster.

Tatsache ist zunächst einmal: Je mehr du leuchtest, desto heller wird die Welt um dich herum, und das hilft anderen Menschen, bei sich besser hinzuschauen, ohne dass du irgendetwas Besonderes dafür tun musst.

Und wenn du doch als Erdenengel aktiv etwas für andere Menschen tun willst, wenn sich genau das in Herz und Bauch stimmig und richtig für dich anfühlt: Wer sollte dich daran hindern? Menschen helfen gern anderen Menschen, sie *wollen* anderen Menschen helfen, ja, sie können gar nicht anders. Die Hilfsbereitschaft ist ein Teil unserer DNA, und ich glaube, wir haben sie aus dem Universum des Lichts mitgebracht, als wir uns entschlossen haben, auf die Erde zu kommen.

Es ist sicher kein Zufall, dass wir im normalen Sprachgebrauch die Formulierung kennen: »Du bist ein Engel.« Damit ist fast immer gemeint: »Du hast mir geholfen, als ich nicht mehr aus noch ein wusste, du hast etwas ganz Wichtiges für mich getan – du hast mich gerettet. Du hast mir gutgetan.« Aber Achtung: Wenn es gut sein soll, dann steckt darin auch immer ein Stück Leichtigkeit. Wenn jemand ein Engel für mich ist, dann ist da etwas ganz Unerwartetes passiert, ohne dass sich jemand besonders dafür anstrengen musste. Wir haben uns genau im richtigen Moment und am richtigen Ort getroffen. Ich habe keine Vorleistungen erbracht, sondern die Hilfe ist ein reines Geschenk. Und der andere, der »Erdenengel«, hat mir geholfen, ebenfalls ohne allzu große Mühe damit zu haben. Vielleicht hat er nicht einmal gemerkt, wie wichtig er in diesem Moment für mich war und wie sehr er mir geholfen hat. Jedenfalls hat er sich nicht geopfert. Ich will es hier ganz deutlich sagen: Wer ein Opfer bringt, ist kein Engel.

Was den helfenden Erdenengel besonders auszeichnet, ist wohl das uneingeschränkte Mitgefühl, das wiederum daraus entsteht, dass wir so klar sehen können, wenn wir mit den Engeln leben. Und dieses Mitgefühl beschränkt sich nicht nur auf Menschen und betrifft nicht nur große Themen, sondern umfasst alle und alles, auch den ganz normalen Alltagswahnsinn. Erdenengel trösten ein weinendes Kind, das hingefallen ist und sich wehgetan hat. Erdenengel umgeben ein Kind von Weitem mit Licht und Liebe, wenn sie das Gefühl haben, die Eltern tun dem Kleinen gerade nicht gut. Erdenengel helfen einem Freund oder Nachbarn, wenn er etwas Schweres zu tragen hat. Erdenengel setzen sich ein gegen Ungerechtigkeit und für die Wahrheit, auch in der Politik. Wenn irgendwo ein Hund sitzt und jault, trösten sie ihn. Wenn jemand einen Busch umtritt, richten sie ihn wieder auf. Wenn irgendwo Blumen die Köpfe hängen lassen, gießen sie sie. Und sie machen sich wenig Gedanken darüber und sind ganz erstaunt, wenn man sie darauf anspricht. Was man am häufigsten von ihnen dann hört, ist der Satz: »Das ist doch selbstverständlich!«

Ja, es ist selbstverständlich in dem Augenblick, in dem die Selbstverwirklichung einsetzt und in dem wir anfangen, das Licht zu sehen. Wir tun nichts anderes, als auf der Erde herumzulaufen, mitzufühlen mit allem, was ist, und unser Licht zu verteilen – und dabei selbst so viel Spaß und Lebensfreude wie möglich zu haben.

Fühlst du, wie leicht sich das anfühlt? So kann es sich anfühlen, wenn es kein Problem mehr gibt. Es ist einfach unendlich und weit – wie Leichtigkeit, Liebe und Frieden, die in der Luft liegen.

Was ist ein Engel für andere?

- Er ist in Leichtigkeit.
- Er liebt sich selbst.
- Er vertraut sich selbst zu 100 Prozent.
- Er geht achtsam mit sich selbst um.
- Er kennt und liebt seine Grenzen.
- Er setzt gern Grenzen.
- Er behandelt sich und seine Mitmenschen gut.
- Er ist in Frieden mit sich und seiner Umwelt.
- Er hilft der Natur und den Tieren.
- Er liebt alles um sich herum, sogar Gegenstände behandelt er respektvoll.
- Er sieht den Schlamassel von anderen und verhilft ihnen mit freundlichen Lichtimpulsen zur Selbsterkenntnis.
- Er ist mit seinen Engeln tief im Herzen verbunden.
- Er vertraut seinen Engeln zu 100 Prozent.

- Er channelt gern Lösungen für die Welt.
- Er hilft, Licht zu verbreiten, wo es dringend gebraucht wird.
- Er kleidet sich meistens weiß oder bunt und leuchtet.
- Sein Gesicht ist weich und von Liebe, Ausstrahlung und Offenheit gezeichnet.
- Er reist gern in der Welt umher und lernt andere Erdenengel kennen.
- Er arbeitet gern auch ehrenamtlich.
- Er liebt Harmonie, Frieden, gute Schwingungen und das Sonnenlicht.
- Er ist gern lustig und heitert andere liebevoll auf.

Wenn du mit irgendwas hier doch noch negativ in Resonanz gehst, wenn dir zum Beispiel der Gedanke kommt: »O nee, muss ich das jetzt alles tun, damit ich ein Engel bin? Viel zu anstrengend!«, dann bitte erkenne an dem Satz, dass dir da noch was gespiegelt wird, was du auflösen (wegurzln) darfst.

Spezial: Licht sein und Vorbild sein – wie man sich vor dem Abheben und vor Neidern schützt

Zunächst einmal: Wenn du geheilt bist, dann ist dein Ego ganz Licht. Du wirst jetzt keine Schatten mehr an andere weitergeben und verteilen, weil du selbst keine

Schatten mehr in dir hast. Oder anders gesagt, du wirst andere nicht mehr verletzen, weil keine Verletzung mehr in dir gespeichert ist.

Licht sein ist jetzt auch nicht mehr anstrengend, sondern ganz leicht und natürlich. Insofern besteht eigentlich auch keine Gefahr mehr, dass du abheben könntest. Wenn du geheilt bist, hebst du nicht ab. Auch darüber musst du dir keine Sorgen machen.

Du leuchtest ehrlich, du leuchtest authentisch und wirst erleben, dass sich andere Menschen dich als Vorbild aussuchen. Du wirst vermutlich auch erleben, dass du gefördert wirst, dass dein Erfolg weiteren Erfolg und erfolgreiche Menschen anzieht. Und weil du deine alte Sehnsucht nach Liebe im Prozess deiner Heilung gestillt hast, wirst du auch nicht mehr danach gieren, dass andere dich lieben. Es geht nicht mehr darum, Liebe zu *haben:* Du *bist* Liebe.

So weit ist also alles ganz gut und einfach. Nur leider wird es natürlich immer Menschen geben, die dir deinen Erfolg neiden oder die *behaupten,* du würdest abheben. Es kann sein, dass du ein paar »Freunde« verlierst auf deinem Weg, weil sie nicht mit dir Schritt halten können oder wollen. Es kann auch sein, dass dich Leute schief anschauen, als wärst du ein bisschen verrückt, wenn du von deinen Erlebnissen erzählst. Oder dass du sogar angefeindet wirst.

Dies kann deshalb passieren, weil du durch dein Leuchten sehr viel Licht ins Dunkel bringst. Manche Leute werden sich abwenden, weil sie nicht hinsehen wollen. Du bist zwar dank deiner Heilung nicht mehr in Resonanz mit gewissen Schwingungen, aber die Schwingungen werden aufgrund deiner Leuchtkraft zu stark für den anderen. Es kann sogar sein, dass er dir durch sein Verhalten eine neue Verletzung zufügt.

Dazu ein paar Ratschläge:

- Lass dir von Neidern oder Skeptikern nicht die Freude am Leben, an deiner Heilung und an deinem Erfolg verderben.
- Überleg dir, mit wem du über deine Erlebnisse sprichst. Genieße sie lieber im Stillen, als alles herauszusprudeln.
- Wenn du die Neigung in dir spürst, jemanden zu »missionieren« – schau dir die Ursache dafür an. Da ist mit Sicherheit noch etwas zu heilen in dir, denn »Mission« funktioniert nicht und ist auch gar nicht nötig. Jeder Mensch muss seinen eigenen Weg gehen.
- Sei sicher: Du wirst Menschen finden, die dich verstehen, die dich zu schätzen wissen und mit dir auf einer ähnlichen oder gleichen Frequenz schwingen. Du kannst sie einfach auf dich zukommen lassen oder sie dir bestellen – sie sind da, und du wirst ihnen begegnen, auf welche Weise auch immer.
- Wenn du Ideen umsetzt oder Projekte in Angriff nimmst, erzähle keinem etwas davon. Es könnte ja sein, dass du dir deine Heilung, Ideen und so weiter von außen schlechtreden lässt. Dann wirst du erleben, dass es in deiner ungestörten Stille plötzlich nur so abgeht.

- Betrachte Neider neutral, denn sie können nichts für die akute Spiegelung, die du ihnen bietest. Wenn du nicht neutral sein kannst, löse entsprechende Widerstände mit Hilfe deiner Engel auf.

Neue Formen der Kommunikation

Deine neuen Kräfte zeigen sich aber nicht nur in diesem inneren und äußeren Leuchten, sondern auch in ganz neuen Formen der Kommunikation. Letztlich sind auch alle Formen von Hellsehen, Hellhören usw. nichts anderes als Ergebnisse dieser neuen beziehungsweise alten Kommunikationsmöglichkeiten.

Man könnte es so erklären: Die Schockenergie, die in deinem Körper gekreist hat und die du mit viel Kraft in Schach halten musstest, hatte zunächst einmal alle möglichen schädlichen Auswirkungen auf dich. Sie hat für Angst, negative Gefühle, negative Gedanken und schließlich auch für die falschen, negativen Glaubenssätze gesorgt. Wenn du diese Energie nun nicht mehr bekämpfen musst, bleibt dir viel mehr Kraft für wichtige, positive Dinge.

Wir haben über diese Verschiebung deines Energiehaushalts hier und da in diesem Buch schon gesprochen. Sie wirkt sich auf alle Lebensbereiche aus, und dazu gehört auch die Kommunikation. Denn wir Menschen sind nun einmal unserem Wesen nach auf Kommunikation eingestellt. Schon Neugeborene nehmen Kontakt mit ihrer Umgebung auf – sie sind ja auch existenziell darauf angewiesen. Und Kinder, denen man die Kommunikation verweigert, verkümmern ganz einfach, bleiben in ihrer geistigen und körperlichen Entwicklung zurück und sterben sogar.

Du wirst nach einer Heilung durch die Engel vermutlich feststellen, dass dir eine positive Kommunikation mit anderen Menschen viel leichter fällt als vorher. Du bist nicht mehr so wachsam und misstrauisch wie früher, nicht mehr ständig auf der Hut vor dem nächsten Angriff, der vielleicht von deinem Gesprächspartner kommen könnte. Und schon verändert sich die Art, wie du anderen Menschen zuhörst, sie wahrnimmst, ihnen begegnest.

Aber wenn du es willst und dafür bereit bist, wird sich deine Kommunikation weit über die normale Kommunikation mit anderen Menschen hinausbewegen. Du kannst mit Verstorbenen ebenso in Kontakt treten wie mit Tieren, mit Naturwesen und überhaupt mit der Natur.

Es eröffnen sich dir also folgende neue Kommunikationswege und -möglichkeiten:

- Engel-Kommunikation
- Kontakt mit Verstorbenen
- Telepathie/Kommunikation mit dem höheren Selbst
- Kommunikation mit Naturwesen
- Verbindung mit dem Universum/Bewusstseinserweiterung
- Kontakt mit Außerirdischen

- Wahrheit-/Lichtkommunikation
- Kurz: Kommunikation mit allem, was ist
- Herzenskommunikation

Engel-Kommunikation

Der Weg der Engel-Kommunikation sollte dir inzwischen klar sein. Die Engel kannst du zu allem fragen. Sie werden dir lichtvolle Antworten schicken. Ob für dich, die Tiere, die Natur, die Welt, neue Technologien, um anderen Menschen zu helfen oder Heilung zu bringen – sie geben dir die Schlüssel für eine bessere und friedlichere Welt.

Kontakt mit Verstorbenen

Mit diesem Kontakt kannst du alles auflösen, was ungeklärt zwischen den Welten liegt oder was du von deinen Vorfahren noch wissen möchtest. Du kannst auch anderen dazu verhelfen, dass sie sich wieder versöhnen, Frieden mit ihren Vorfahren schließen. Es gibt hier wirklich unbegrenzte Möglichkeiten, die dich und die Welt weiterbringen.

Telepathie/Kommunikation mit dem höheren Selbst

Dies ist wirklich eine wundervolle Entwicklung. Wenn du geistig klarer bist, bekommst du Informationen von Freunden, Familie usw. nicht mehr nur durch Gedanken, sondern durch ihre klaren Stimmen. Wenn zum Beispiel meine Freundin gerade nicht ans Telefon gehen kann, höre ich schon innerlich, wie sie entweder sagt: »Mausi, ich bin noch im Meeting.« In anderen Fällen frage ich sie einfach etwas und kläre in Gedanken bzw. im Gespräch mit ihrem höheren Selbst schon alles ab, bevor ich sie real gefragt habe. Dies ist auch eine wundervolle Kommunikationsform, um mit Menschen Kontakt aufzunehmen, die sich noch verschließen und leiden. Du kannst ihrem höheren Selbst Lichtimpulse schicken, damit es erwacht.

Kommunikation mit Naturwesen

Die Kinder können noch zwischen die Welten sehen und hören, sagt man, aber du wirst diese Fähigkeit auch wiedererlangen. So kann es sein, dass dir die Kommunikation mit den Blumen, wenn sie dich von der Seite lustig anreden, ganz normal vorkommt. Oder dass du den Mineralienwelten lauschst oder einfach kleine Lichtwesen wie Feen und Devas wahrnehmen kannst. Wir haben es in einem Kurs sogar mal geschafft, ein Foto von einer Fee aufzunehmen. Sie erstrahlte mitten in einer Blume, ganz weiß und schillernd.

Verbindung mit dem Universum

Eine Unterhaltung mit dem Universum birgt so viel Power, dass sie dir oft ein ganz anderes Bewusstsein bringt, jedenfalls für kurze Zeit. Wer sich mit dem Universum verbindet, erlebt eine regelrechte Bewusstseinserweiterung. Plötzlich versteht man alles. Man sieht die Erde auch nicht mehr so, wie wir sie kennen, sondern nur noch als violettes

Licht, weißes Licht, strahlende Energieformen, unendliche Kraftfelder, die alles durchströmen. Und man kommuniziert, indem man sich etwas selbst fragt und dann sofort versteht. Man wird eins mit der gesamten Materie, ist zeitlos und kann bewusster und klarer sein denn je.

Kontakt mit Außerirdischen

Ich denke mir immer, ach NASA, eure Experimente sind ja nett, aber es geht doch viel einfacher! Natürlich kann man versuchen, menschenartige Wesen im Universum zu finden, die ähnlich materiell strukturiert sind wie wir. Aber laut meinen Engeln läuft das nicht so, denn der Mensch hat sich selbst noch nicht gefunden. Und wenn man nicht weiß, wer man ist, dann kann man auch nicht richtig »senden und empfangen«. Es ist wie in einer Beziehung, wenn Sender und Empfänger sich nicht verstehen können, weil beide noch nicht klar sind und sich etwas spiegeln. Außerdem sind außerirdische Lebensformen längst unter uns. Wir kommunizieren in Wirklichkeit ganz anders, nämlich über unser Herz. Und dieses Energiefeld ist verbunden mit allem. Nur dort können wir mit anderen Sternenvölkern in Kontakt treten.

Wahrheit-/Lichtkommunikation

Du kannst dich immer, egal in welcher Situation, mit dem Licht verbinden und alles fragen. So kann dir das Licht sehr gut helfen, wieder klar zu sehen und die Wahrheit zu erkennen. Auf diese Weise lernst du, deine Sorgen und Ängste zu entlarven, aber auch Lügen von außen. Deck dir selbst deine Wahrheit auf.

Kommunikation mit allem, was ist

Wenn du verstanden hast, was dein Kanal ist, kannst du alles kontaktieren, dich mit allem austauschen. Alle Materie ist eine Spiegelung. Du kannst sogar ein Produkt fragen, woher es wirklich kommt und wie es hergestellt wurde. Die Materie enthält die Informationen, und die kannst du dir dank deines Kanals hörbar machen. Ob ein Stern am Himmel oder ein Kleidungsstück, ein Baum, ein Land. Frage innerlich einfach ab, was du dazu wissen möchtest.

Herzenskommunikation

Zu guter Letzt kommt das Herz. Mit ihm kannst du nicht nur über das Fühlen kommunizieren, du kannst ihm auch Fragen stellen und seiner Stimme lauschen. Es kann sein, dass es schimpft, weil du ihm länger nicht zugehört hast, es kann aber auch in Liebe und Harmonie sein. Unterhaltet euch einfach mal.

Es gibt natürlich noch viele andere sich entwickelnde Kommunikationsmöglichkeiten, aber es würden den Rahmen dieses Buches sprengen, sie alle zu beschreiben. Begib dich einfach selbst auf Entdeckungsreise.

Klarer sehen, die Wahrheit sehen

Die neuen Kräfte, die dir zuwachsen, helfen dir auch, klarer zu sehen – in die Vergangenheit, die Gegenwart und die Zukunft. Auch hier passiert dasselbe wie im Bereich Kommunikation. In dem Moment, wo die Schockenergie alter traumatischer Erfahrungen aus deinem Körper gezogen wird, kann sie dich nicht mehr stören – und nicht mehr verstören. Sie ist einfach nicht mehr in der Lage, ständig irgendwelche negativen Gefühle und Gedanken in dir auszulösen und deine Nervenbahnen zu reizen (zu »triggern«), sodass du ständig wie unter Strom stehst und im wahrsten Sinne des Wortes »gereizt« auf alles reagierst, was du wahrnimmst. Man könnte auch sagen: Weil du nicht mehr in Resonanz mit Verletzungssituationen gehst, hast du solche Situationen einfach nicht mehr nötig.

Neue Kraft und Stärke, Frieden und Ruhe führen dazu, dass du zunächst einmal dich selbst wieder richtig siehst. Und in dem Augenblick, in dem du dich selbst wieder klar siehst, wird *alles* klarer. Du siehst deine eigenen Erfolge und Leistungen wieder.

Wenn du als Kind ganz besonders früh richtig schlimme Erfahrungen gemacht hast, wird es so sein, dass dein neues Selbstgefühl tatsächlich besser ist als alles, was du je auf dieser Erde erlebt hast. Es kann sein, dass du dann zu dir sagst: »Wow, so ein Gefühl hatte ich, wenn ich ehrlich bin – noch nie in meinem ganzen Leben. Das hatte ich wahrscheinlich zuletzt vor meiner Geburt. Einfach wundervoll.« Leider kommen Menschen, die aus so kaputten Verhältnissen stammen und so viel abbekommen haben, nur selten mit den Engeln in Berührung. Dabei hätten gerade sie es doch besonders nötig. Mich macht diese Vorstellung ganz traurig.

Meine Klientin Sabine hat den Weg zu mir trotzdem gefunden, was für ein Glück. Sie kommt eigentlich wegen einer Hautkrankheit zu mir, und das zu Recht. Ihre Neurodermitis ist wirklich schlimm anzusehen. Teile ihrer Haut sind total kaputt gekratzt und sehen fast so aus, als könnten sie nie wieder heilen. Man muss keine hellseherischen Fähigkeiten haben, um sehr schnell wahrzunehmen, dass diese Hautreaktion nur der äußere Ausdruck von Sabines innerer Zerstörung ist. Aber vorerst lasse ich die Klientin erst einmal in Ruhe und sehe davon ab, irgendwelche tiefer liegenden Probleme anzusprechen, so verschlossen wirkt sie. Wir gehen also bei unserem ersten Treffen auf Engel-Kommunikation und danach nur ein bisschen auf die Hautkrankheit ein, und Sabine bittet die Engel, ihr bei der Heilung zu helfen. Beim zweiten Treffen spreche ich vorsichtig an, dass es vielleicht nötig wäre, die Ursachen in der Tiefe anzuschauen. »Ja, das glaube ich auch, ich weiß nur nicht, wo ich anfangen soll«, erwidert sie. »Ich glaube nämlich, dass es da sehr viel anzuschauen gibt, und das macht mir große Angst.« Ihr Blick erzählt von tiefer Unsicherheit. Wir listen alle störenden Faktoren auf. Sie möchte ein drittes Treffen, das sie kurzfristig absagt. Die Neurodermitis hat sich nach einer anfänglichen

Verbesserung wieder massiv gemeldet, weil sie durch alte, noch vorhandene Verletzungen getriggert wurde. Das wundert mich nicht. Offenbar ist bei Sabine in der Folge unserer ersten beiden Treffen einiges in Bewegung geraten. Umso mehr freue ich mich, als sie sich nach einer Woche wieder meldet, um einen neuen Termin abzusprechen. Bei diesem Treffen sagt sie mir, sie sei jetzt bereit, alle schlimmen Erfahrungen, alle Ursachen für ihre Krankheit von den Engeln herausziehen zu lassen, ohne noch lange darüber zu sprechen. Am Ende spricht sie dann aber doch ausführlich darüber. Es ist eine lange, traurige Geschichte von Vernachlässigung, Misshandlung und Missachtung, die im Grunde genommen schon vor ihrer Geburt angefangen hat. Sie stammt aus sehr schwierigen familiären Verhältnissen, war alles andere als erwünscht, und ihre Mutter hat sie nicht nur vernachlässigt, sondern auch noch eigene alte Belastungen an sie weitergegeben. Nachdem sie alles losgelassen hat und die Engel ihre Arbeit getan haben, bleibt sie noch eine Weile ausgestreckt auf meiner Liege. Sie ist ziemlich erschöpft, aber ich sehe ganz deutlich, wie sich ihr Gesicht verändert hat. Die Röte ist weg, der Druck auch. Es ist ganz weich und zart geworden, ein schöner Anblick. Dann geht sie, ohne noch viel zu sagen. Ein paar Tage später erzählt sie mir: »Ich glaube, so muss es sich damals angefühlt haben, bevor ich auf die Erde gekommen bin. Sogar bevor ich in den Bauch gekommen bin. So leicht und frei, so voller Liebe und Licht habe ich mich hier auf der Erde noch nie gefühlt.« Und was das Allerschönste ist: Sie empfindet überhaupt keine

Bitterkeit darüber, dass sie dreißig Jahre lang ein schlechtes Leben geführt hat. »Jetzt ist alles gut«, sagt sie mit einer Stimme, die von Freude und Erleichterung nur so vibriert. »Jetzt kann ich endlich so richtig leben.«

Du nimmst aber nicht nur dich selbst wieder viel klarer wahr, sondern auch deine Umgebung. Du hast keine Angst mehr vor dem Licht, und deshalb siehst du viel mehr Licht und Liebe in dem, was um dich herum vor sich geht. Das klingt erst einmal seltsam. Du bist den Weg mit den Engeln ja gegangen, weil du Sehnsucht nach dem Licht hast. Aber die Angst ist trotzdem da. Solange du noch Traumata aufzulösen und Belastungen zu heilen hast, wird die Angst vor dem bleiben, was das Licht dir zeigen könnte. Erst wenn der Weg mit den Engeln, wenn die Heilung ein Stück weit fortgeschritten ist, lässt diese Angst nach und die Sehnsucht zieht dich immer weiter. Dann ist der Sog, den das Licht auf dich ausübt, einfach stärker als alle Dunkelheit.

Es ist wie bei manchen Menschen, die sich nach Stille sehnen. Sie leben die meiste Zeit in einer hektischen, lauten Welt voller Großstadtlärm, Radiogedudel, Musikberieselung im Supermarkt und so weiter und ziehen sich dann für ein paar Tage an einen Ort der Stille zurück, vielleicht in ein Kloster oder ein Meditationszentrum. Wie sehr haben sie sich nach dieser Stille gesehnt! Aber der erste Schock kommt schon, wenn sie bei der Ankunft gebeten werden, ihr Handy abzuschalten und übers Wochenende sogar abzugeben. Der zweite Schock kommt, wenn man ihnen sagt, sie sollten während dieser Tage am besten auch nicht lesen oder Radio hören, sondern ganz bei sich sein und in ihr Inneres hineinhorchen. Und der dritte Schock kommt, wenn sie erfahren, dass im Haus geschwiegen wird, auch und besonders während der Mahlzeiten. Was passiert? Diese Menschen, die sich so sehr nach Stille gesehnt haben, dass sie viel Geld für einen Aufenthalt an einem ruhigen Ort bezahlen, halten die Stille einfach nicht aus. Sie fangen an, Teller besonders laut auf den Tisch zu stellen, klappern kräftig mit ihrem Besteck, schlagen Türen zu, rumpeln in ihrem Zimmer mit den Möbeln herum ... alles, um nur ja nicht mit sich selbst in dieser Stille allein zu sein. Wer weiß, was sich zeigen würde, wenn sie wirklich einmal ganz zu sich kämen und in sich hineinschauen oder hineinhören würden? Dabei kann da doch gar nichts Bedrohliches sein, außer einer Verletzung, die zu diesem Verhalten führte!

So ähnlich ist es auch mit dem Licht, das die Engel mitbringen. Wenn die Heilung passiert ist und du dich auf den Weg der Selbstverwirklichung machst, dann geht dir im wahrsten Sinne des Wortes ein Licht auf, das eingeschaltet bleibt und weiterleuchtet. In deinem Kopf wird es viel heller als jemals zuvor, weil die ganze dunkle Schockenergie verschwunden ist. Und du verlierst deine Angst zu sehen: dich selbst, die Welt um dich herum und die unsichtbare, geistige Welt.

Was dann passiert – wer weiß! Du wirst dir vielleicht gern mal die Aura eines Menschen ansehen, du wirst vielleicht Verstorbene sehen oder einen gründlichen Blick in die Zukunft werfen. Der Blick in die geistige Welt steht dir jetzt offen, wenn du dazu Lust hast und dazu bereit bist. Auf jeden Fall versperren dir der Schatten und die Blockaden nicht mehr die Sicht.

Nicht mehr schwarz sehen

In der Esoterik-Szene wird gern vor »Fremdenergien« und »bösen Geistern« gewarnt. Dann heißt es, davor müsse man sich schützen, solche Erscheinungsformen negativer Energie seien gefährlich und schädlich, vor allem dann, wenn man besonders offen für den Blick in die geistige Welt sei. Ich kann meinerseits nur vor solcher Panikmache warnen.

Wer noch Schockenergie in sich hat, spürt sie in Spiegelsituationen. Und wie ich schon gesagt habe: Sie sieht schwarz (oder vielleicht sagen wir an dieser Stelle besser »dunkel«) aus und fühlt sich auch so an. Da Menschen aber nun mal gern das nach außen projizieren, was sie im Inneren mit sich tragen, projizieren sie auch dieses »Dunkle« nach außen.

Lass dich nicht verrückt machen. Wenn dir jemand einreden will, du würdest dich in deinem klarsichtigen Zustand der Heilung in Gefahr bringen, weil böse Geister oder derlei jetzt noch eher Zugriff auf dich haben – lach ihn aus. Oder besser noch: Begegne ihm mit Nachsicht und Mitgefühl. Solche Projektionen von Ängsten nach außen sind eine Folge *seiner* Schockenergie. Und wer anfängt, sich ständig mit der Dunkelheit »da draußen« zu beschäftigen, und ständig ins Dunkel hineinstarrt, weil er dort gefährliche Dinge vermutet, der setzt sich letztlich nur einer einzigen Gefahr aus: den Schatten *in seinem Inneren* zu übersehen und krank zu werden, weil die Ursachen bleiben und ihm weiterhin schaden.

Du kannst dich in deiner Klarsichtigkeit absolut sicher fühlen. Es gibt »da draußen« nichts, was dir schaden könnte. Wenn dein Inneres aufgeräumt ist, dann ist alles gut und hell in dir. Du bist da, um ins Licht zu sehen und Licht zu verbreiten.

Alles andere ist Unsinn – und möglicherweise üble Geschäftemacherei mit der Angst. Das Dunkle wird doch nur gespiegelt vom Licht! Du musst dich nicht schützen vor dem Dunkeln. Du musst dich vor allen Dingen nicht von Geschäftemachern davor schützen *lassen*. Du hast alles, was du brauchst, schon längst in dir. Und du hast die Engel als Begleiter. Was willst du mehr?

Hellsehen und in die Zukunft sehen

Wenn du Lust hast, in die Zukunft zu sehen – wer sollte dich daran hindern? Klar sehen und in die Zukunft sehen sind allerdings zwei verschiedene Dinge. Man spricht ja von Hellsehern und Wahrsagern (obwohl dieser letzte Begriff immer ein bisschen nach Jahrmarktsbude auf dem Mittelaltermarkt klingt), aber das müssen wir klar unterscheiden. Es ist eigentlich seltsam, dass zwei so unterschiedliche Vorgänge einfach gleichgesetzt werden.

Der Zukunftsseher kann gut in die Prozesse einsteig die jetzt in einem Menschen ablaufen, und davon ausgehend in die Zukunft schauen. Derjenige, der zum Zukunftsseher kommt, muss nur konkret genug fragen und auch den Zeitraum definieren, in den der Zukunftsseher hineinschauen soll. Je länger der Zeitraum ist, desto besser kann die Zukunftsprognose gestellt werden. Es ist wie auf der Autobahn: Wenn ich nur die nächsten fünfzig Meter weit sehe, fällt mir die Linkskurve nicht auf, die zweihundert Meter weiter kommt. Außerdem muss der Fragende natürlich zulassen, dass der Zukunftsseher den konkreten Bereich in seiner Seele anschaut, um den es geht. Wenn beide, Fragender und Zukunftsseher, auf derselben »Wellenlänge« sind, ist das auch gar kein Problem.

Wenn der Zukunftsseher allerdings in die eigene Zukunft schaut, hat er immer auch die Möglichkeit, etwas zu verändern, sodass sich die Zukunft ebenfalls verändert. Bei mir in den Kursen scheint das Sehen in die Zukunft kein Problem zu sein. Die Teilnehmer(innen) sorgen zunächst mit Hilfe der Engel dafür, die wichtigsten Blockaden aus ihrem Blickfeld zu entfernen. Dann bekommen sie eine detaillierte, sehr einfache Anleitung und legen auch schon los.

Anleitung für zu Hause

- Atme vier Mal tief durch und halte dir dabei die Hände vor die Augen. Achte darauf, dass kein Licht von außen eindringt.

- Was siehst du für Farben: rot, lila, grün, verpixelt?
- Was auch immer du siehst, lass es fließen.
- Siehst du ein pulsierendes Chakra? Oder einen Lichtstrahl? Einen Engel?
- Lass einfach alles fließen. Sollte noch etwas kurz dazwischenhüpfen, sodass du schwarz siehst, dann urzl es weg.
- Stelle nun deine Frage und bestelle dazu dein Bild (oder deinen Film).
- Was siehst du plötzlich vor dir?
- Wenn du noch weitergehen willst, lass dir die Antwort nicht nur in Bildern erklären, sondern auch in Form von goldener, sich niederschreibender Schrift.
- Du kannst dir sogar Mathematik auf diesem Kanal erklären lassen.
- Nun, was aus der Zukunft wolltest du sehen?
- Mach weiter, du kannst in wirklich jede Situation hineinsehen.
- Du möchtest etwas zur Entwicklung der Menschheit wissen? Egal ob wirtschaftliche, gesundheitliche, tierische, Naturentwicklungen, du kannst in alles hineinsehen. Und wenn du sehr unbelastet und im Vertrauen bist, kannst du sogar sehen, ob du in ein Unternehmen investieren solltest oder nicht und wie seine Entwicklung ist. Oder die eines Landes.
- Bedenke dabei immer: Du schaust vom jetzigen Zustand, also halte dich an die Anleitung aus der Mitte des Buches und frage lieber sehr weit in die Zukunft, nicht zu kurz.

Ein Beispiel aus einem meiner Kurse: Eine Teilnehmerin wohnt ein wenig außerhalb am Ortsrand. Vor ihrem Haus gibt es einen unbebauten Acker. Sie möchte wissen, wann und wie dieser Acker bebaut werden wird. Sie schließt die Augen, legt beide Hände vor die Augen, damit es in ihrem inneren Blickfeld wirklich dunkel ist. Dann fragt sie die Engel: »Liebe Engel, wann wird der Acker vor meinem Haus bebaut? Zeigt mir bitte ein Bild.« Nach kurzer Zeit berichtet sie von den gesehenen Bildern. »Ich sehe Häuser, Doppelhäuser mit kleinen Vorgärten und größeren Gärten hinter den Häusern. Fünf Doppelhäuser stehen da, sie sind weiß gestrichen, und jedes hat ein großes Dachfenster zu meiner Seite.« Sie fragt weiter. »Liebe Engel, wann wird das denn sein? Sagt mir bitte die Jahreszahl.« Wenig später berichtet sie uns, dass die Engel ihr die Zahl 2016 genannt haben.

Beim Wahrheitssehen passiert etwas ganz anderes. Dabei schaust du nicht in die Zukunft – sei es deine eigene oder die eines anderen, der mit einer Frage zu dir kommt –, sondern deckst den Ist-Zustand auf, beispielsweise den Ist-Zustand einer Blockade. Du betreibst also sozusagen Ursachenforschung, wenn jemand bereits ein größeres oder kleineres Problem hat.

Ein Beispiel dafür habe ich vor einiger Zeit mit einem Klienten aus der Schweiz erlebt. In der Firma, deren Geschäftsführer er war, war Bargeld verschwunden. Richtig viel Geld. Es handelte sich also nicht um einen kleinen

Taschendiebstahl, sondern um echte Unterschlagung. Er kam zu mir und erzählte mir davon, hatte sich die Angelegenheit aber selbst noch gar nicht richtig angeschaut, so viel Angst machte sie ihm. »Da stimmt etwas nicht«, sagte er. »Andauernd gibt es irgendwelche rätselhaften Fehlbeträge in unserer Bargeldkasse. Habe ich mich da verrechnet oder hat das irgendeine Ursache? Kannst du da nicht mal genauer reinschauen?« Also sagte ich »Okay«, schloss die Augen und schaute mich innerlich in seiner Firma um. Er hatte mir gesagt, wo er das Bargeld aufhob – dadurch ging es schneller. Ich sah eine Mitarbeiterin, beschrieb sie ihm, erzählte ihm, wie sie etwas auf einem Schmierzettel durchrechnete, Quittungen wegwarf … Es war für mich wie in einem Film. Ich war mir absolut sicher, dass diese Mitarbeiterin das Geld eingesteckt hatte. Natürlich durfte ich ihm das aus juristischen Gründen so nicht sagen, aber ich konnte ihm ein paar gezielte Fragen stellen, die ihn selbst dazu brachten, die Wahrheit zu sehen. Und plötzlich erzählte er mir von eigenen Beobachtungen, die er selbst gemacht hatte und die ihm verdächtig vorgekommen waren. So konnte ich ihm dann doch noch helfen, dem Betrug auf die Spur zu kommen – ohne einen Menschen zu beschuldigen. Ich sage es aber gleich noch mal: Hier muss man sehr behutsam vorgehen, auch um sich vor juristischen Konsequenzen zu schützen.

Alles ist möglich

Wenn du im Frieden und in der Ruhe bist, kann vieles passieren, was du früher nie für möglich gehalten hättest. Du kannst draußen vor der Erde sitzen (das kannst du dir in etwa so vorstellen, wie wenn du mit Google Earth auf die Erde blickst) und alles anschauen, was dort passiert, voller Mitgefühl und Liebe. Du bist vielleicht eine Woche lang wie verliebt in das Leben, weil du so voller Liebe bist. Du wirst vermutlich Bewusstseinszustände erleben, die anderen Menschen sehr fremd sind.

Mir ist es zum Beispiel schon ganz oft passiert, dass ich eine geführte Meditation mit einer Gruppe angeleitet hatte und dass wir danach alle voller Liebe nach Hause gingen. Noch am nächsten Morgen waren mein Freund und ich so voller Liebe, dass wir es selbst kaum fassen konnten. Es war, als wäre die ganze Welt durchsichtig geworden. Höchste Frequenz! Ein unglaublich gutes Gefühl.

Probier doch mal folgende Reise im Schlaf: Bevor du einschläfst, sagst du den Engeln, dass du während deines Schlafs mal wieder ganz bewusst draußen unterwegs sein möchtest. Dann nehmen sie dich mit hinaus ins Universum. Dort kannst du alles Mögliche tun, betrachten, kreieren. Du schläfst zwar, bist aber im Geist trotzdem wach und kannst dich sogar von oben sehen, wie du ganz friedlich in deinem Bett liegst und schlummerst. Und du kannst auch bei anderen Menschen reinschauen, wie es ihnen geht. Ein bisschen ist es wie Beamen.

Ich selbst bin vor einiger Zeit eingeschlafen und vor der Erde wieder aufgewacht. Allein schon diese Erfahrung und dieser Anblick waren wunderschön. Aber es kam noch besser: Ich hatte eine goldene Tafel vor mir, auf der ich malen konnte. Dort habe ich meine Wünsche aufgeschrieben und dabei zugesehen, wie sie mit einer Art Kometenschweif zur Erde sausten. Ich musste laut lachen, als ich das sah, es war ein bisschen wie in einem Zeichentrickfilm. Bevor ich mich wieder hinunter in mein Bett begab, tauchte plötzlich eine Frau bei mir auf. »Hey, Friederike«, rief sie mir zu, »willst du alles wieder vergessen, was du jetzt kreiert hast?« In dem Moment schlug ich unten in meinem Bett die Augen auf und sagte zu ihr: »Klar, ich will das alles wieder vergessen, ich will doch hier auf der Erde noch eine Weile weiterspielen. Sonst macht das doch gar keinen Spaß.« Gleichzeitig ärgerte ich mich fast. Ein paar Wunschbilder habe ich mir noch schnell gespeichert, damit ich sie nicht wieder vergesse. Dafür war dieses Erlebnis einfach zu schön …

Alles ist möglich, wenn die Blockaden erst mal entfernt sind.

Alltagsfähigkeiten besser anwenden

»Alles ist möglich« – das gilt natürlich auch für deine ganz alltäglichen Fähigkeiten. So wie das Licht unendlich ist, so sind auch deine Fähigkeiten unendlich groß. Du musst gar nicht lernen, sie auszubauen oder besser anzuwenden. Du musst sie nur rausziehen lassen, um sie so nicht mehr anzuwenden. Und letztlich entscheidest du aus deiner Lebensfreude, Leichtigkeit und Lust heraus, was du anwendest, was du tust und was du nicht tust.

Ich habe Freundinnen, die plötzlich angefangen haben, Gegenständen ein neues Design zu geben. Sie waren selbst überrascht, wie leicht es ihnen fiel, sich einen neuartigen Stuhl vorzustellen, ihn aufzuzeichnen, zusammenzubauen, zu schleifen, zu streichen ... Ich habe eine Klientin, die jahrelang unter Depressionen gelitten und ihren Haushalt nicht auf die Reihe gekriegt hatte und die plötzlich nach ihrer Heilung mit größter Leichtigkeit damit umging. Ich kenne Kinder und sogar Erwachsene, die nach einer Heilung ihre Blockaden im Bereich Rechtschreibung, Fremdsprachen oder Mathematik verloren. Ich habe Studentinnen erlebt, die ihre Lernblockaden und ihre Prüfungsängste auf einen Schlag verloren. Und ich habe einen Freund, der seine eigene Musikalität entdeckte, von der er nichts geahnt hatte. Er spielt heute in einer Band, einfach so zum Spaß.

Auch im körperlichen Bereich kann sich das äußern. Es kann sein, dass du vollkommen unbeeindruckt durch eine Grippewelle spazierst und dich einfach nicht ansteckst. Und der Grund liegt wirklich darin, dass deine Seele geheilt und deshalb so stark ist. Ich habe auch schon häufig bei Klienten erlebt, dass sich körperliche Einschränkungen – schlechtes Sehen, schlechtes Hören und so weiter – schlagartig oder ganz allmählich besserten, wenn sich in der Seele entscheidende Heilungen vollzogen hatten.

Wenn du geheilt bist, wenn du in der Leichtigkeit lebst, wird es dir nicht schwerfallen, deine Fähigkeiten zu leben. Es wird aber auch kein Bedauern mehr über *nicht* gelebte Fähigkeiten mehr geben. Alles ist gut, wie es ist, alles ist Licht. Du hast alles, was du brauchst, und du bist alles, was du brauchst. Genieße es einfach und verteile dein Licht in dieser Welt.

Zum guten Schluss: Lichtlein sein und durchstarten

Und damit sind wir am Schluss dieses Buches angekommen. Was willst du noch tun? Was stand noch in deinem Seelenplan, den du mit auf die Erde gebracht hast? Worauf hast du jetzt so richtig Lust?

Gibt es irgendwelche Projekte, die nur darauf warten, endlich in Angriff genommen zu werden? Berufliche Veränderungen, an die du dich vielleicht jahrelang nicht herangetraut hast? Neue Wege, die dich locken? Reisen, die du immer schon machen wolltest? Menschen, die du immer schon kennenlernen wolltest? Vielleicht ist jetzt der richtige Moment gekommen, die ersten Schritte in dieser Richtung zu unternehmen.

Willst du vielleicht schon lange Ernst machen mit deinem Liebsten oder deiner Liebsten, hast dich aber nicht getraut oder warst immer noch vorsichtig und misstrauisch? Willst du vielleicht schon lange Kinder bekommen und hast immer noch auf den »richtigen Zeitpunkt« gewartet? Vielleicht gibt es diesen Zeitpunkt gar nicht oder er ist eigentlich immer da. Vielleicht musst du es nur endlich wagen, voller Vertrauen darauf, dass du alles hast und alles bist, was du brauchst.

Es ist wirklich so einfach: Da draußen ist die Welt immer genauso weit wie in dir drin. Da draußen gibt es so viele Möglichkeiten, wie du dir denken kannst. Es kommt nur darauf an, dass du durchstartest und dein Licht leuchten lässt.

So wie meine Freundin und ich irgendwann unsere Stiftung für traumatisierte Kinder gründen werden. So wie es noch viele, viele Pläne gibt, an die ich mich vielleicht jetzt gar nicht erinnere, an die mich die Engel aber irgendwann erinnern werden. So wie ich genau zum richtigen Zeitpunkt die richtigen Menschen und die richtigen Möglichkeiten getroffen habe, um dieses Buch zu schreiben. Eigentlich ist es fast schade, dass es jetzt schon zu Ende ist. Es hat einen solchen Spaß gemacht, dieses Wissen an dich weiterzugeben!

FAQ zum Thema Engel

Woher kommt unser Wort »Engel«? In allen germanischen Sprachen geht die Bezeichnung für ein überirdisches Wesen, das als Vermittler zwischen Gott und den Menschen fungiert, auf das lat. Wort »angelus« sowie das vorausgehende griechische Wort »ángelos« *(ἄγγελος)* zurück. Bei diesem wiederum vermutet man einen weiter zurückreichenden orientalischen Ursprung.

Wie heißen die Engel in anderen Sprachen?
Es ist ganz erstaunlich, dass die Engel in fast allen europäischen Sprachen gleich heißen, obwohl sich die Sprachen doch sonst so sehr voneinander unterscheiden. Hier kommt eine Liste mit einigen Beispielen:

Bulgarisch: ангел
Dänisch: engel
Englisch: angel
Finnisch: enkeli
Französisch: ange
Griechisch: αγγελος
Isländisch: engill
Italienisch: angelo

Kroatisch: anđeo
Niederländisch: engel
Norwegisch: engel
Polnisch: anioł
Portugiesisch: anjo
Rumänisch: înger
Russisch: ангел
Schwedisch: ängel
Slowakisch: anjel
Spanisch: ángel
Tschechisch: anděl
Ungarisch: angyal

Auf Türkisch heißt der Engel übrigens »melek«, auf Japanisch »tenshi«, auf Chinesisch »tianshi«.

Wie viele Engel gibt es?
Es gibt unendlich viele Engel, weil es ja auch unendlich viel Licht gibt. Engel sind Wesen des Lichts und nicht an unsere Vorstellungen von Einheit und Vielheit gebunden.

Hat jeder Mensch einen Engel an seiner Seite?
Ja, mindestens einen. Eine der ersten Übungen, die ich mit meinen Kursteilnehmern mache, besteht darin, zu fragen, wie viele Engel gerade in der Nähe sind. Die Engel sind aber sehr diskret. Sie lassen sich nur hören oder gar sehen, wenn wir das wirklich wollen. Wir können den Kanal, auf dem wir sie wahrnehmen, abschalten. Dies

geschieht bewusst und freiwillig oder – bei Menschen, deren Kanal durch zu viele Blockaden verstopft ist – auch unfreiwillig.

Was hat es mit dem Schutzengel auf sich?
Der Schutzengel ist eine wunderschöne Vorstellung, die viele von uns schon als Kinder haben. Es heißt, dass er immer bei uns ist und uns vor Bösen behütet. Im Psalm 91, 11–12, einem etwa 3 000 Jahre alten Gebet, heißt es: »Denn er (Gott) hat seinen Engeln befohlen, dass sie dich behüten auf allen deinen Wegen, damit dein Fuß nicht an einen Stein stößt.« Aber *alle* Engel sind Beschützer und Begleiter von uns Menschen.

Warum glauben so viele Menschen, dass es Engel gibt?
Ich denke, es ist kein Glauben, sondern ein festes Wissen. Die Menschen bringen dieses Wissen aus dem Licht mit, wenn sie auf die Erde kommen. So ist es kein Wunder, dass auch viele Menschen, die sonst mit Religion oder Spiritualität »nichts am Hut« haben, fest von der Existenz der Engel überzeugt sind. Lustigerweise bin ich zum Beispiel nicht mal getauft, also konfessionslos. Alles kam aus mir heraus, ohne äußere Anleitung durch eine Religion und ihr Glaubenssystem.

Warum gibt es Engel in so vielen Religionen?
Das Wissen um die Existenz der Engel ist so alt wie die Menschheit. Kein Wunder, dass Engel auch in den Religionen bekannt sind. Im Judentum, im Christentum und

im Islam sind die Engel Boten Gottes. Aber auch viele andere Religionen wissen von Engeln, so z. B. der Hinduismus und die alten Religionen im Vorderen Orient, in Ägypten, bei den Römern und Griechen in der Antike und so weiter. Es wäre schön, wenn sich alle Religionen mit ihren Engeln verbinden würden.

Haben alle Engel Namen?
Ob die Namen für die Engel selbst eine Bedeutung haben, weiß ich nicht. Jedenfalls stellen sie sich uns Menschen sehr oft mit Namen vor.

Was bedeuten die Namen der Engel?
Die Engel Michael, Raphael und Gabriel werden auch in der Bibel erwähnt. An anderen Stellen in der jüdischen Tradition gibt es noch mehr Engelnamen. Interessanterweise enden sie alle auf -el, zum Beispiel Uriel, Suriel, Raguel, Jerachmiel. Das -el am Ende bedeutet immer »Gott«. Wenn man die Namen dieser besonders bekannten Engel übersetzt, erfährt man etwas über die Eigenschaften, die die Menschen ihnen und ihrem Gott zugeschrieben haben. Es sind alles gute, freundliche und tröstliche Eigenschaften. Hier kommt eine kleine Liste in alphabetischer Reihenfolge:

- Gabriel: Gott ist Liebe.
- Jerachmiel: Gott ist barmherzig und mitfühlend.
- Michael: Wer ist wie Gott?
- Raguel: Gott ist ein Freund und Beschützer.

- Raphael: Gott heilt.
- Suriel: Gott ist ein starker Fels.
- Uriel: Gott ist Licht.

Wie kann ich lernen, die Engel zu hören?
Du musst es nicht lernen. Du musst nur *ver*lernen, sie *nicht* zu hören. Die Fähigkeit dazu besitzt jeder Mensch. Wenn dein Kanal zu den Engeln blockiert ist, kannst du sie bitten, ihn freizuräumen.

Klingen die Stimmen der Engel immer gleich?
Ja. Die Stimme des Engels Michael wird sich immer gleich anhören, egal, wer von uns Menschen sie hört. Damit kann man ihre Stimme übrigens auch ganz gut von der eigenen inneren Stimme unterscheiden. Wohlgemerkt: Es kann durchaus sein, dass sich bei dir die Engel in Form deiner eigenen inneren Stimme hören lassen. Aber die Stimmen der Engel kannst du – wie die Stimmen anderer Menschen – davon immer und bei jeder Gelegenheit ganz klar unterscheiden. Indem man sich die Ohren zuhält und in Gedanken mit seiner eigenen Stimme redet weiß man, wie sich diese anhört. Dann fragt man einen Engel etwas und bekommt eine Antwort mit einer ganz anderen Stimme. So lernt man sehr schnell zu unterscheiden.

Warum sagst du, dass die Engel manchmal kichern?
Die Engel sind einfach immer gut gelaunt. Sie befinden sich in einem Bereich, in dem es keinen Schmerz und kein Leid gibt. Das heißt nicht, dass sie nicht mitfühlend

wären gegenüber deinem Schmerz, deinem Leiden. Sie wissen es nur besser als du, und sie kennen den Schlüssel, wie du Schmerz und Leiden hinter dir lassen kannst. Das macht sie fröhlich. Und wenn du auf sie vertraust, kannst du selbst genauso fröhlich sein.

Wie sehen Engel aus?
Die Vorstellung von Engeln mit Flügeln ist ein Bild, das wir Menschen schon lange von Generation zu Generation weitergegeben haben. Dieses Bild ist von unserer Kultur geprägt. Im Judentum gibt es zum Beispiel auch die Vorstellung, dass manche Engel – die sogenannten Seraphim – mehrere Paar Flügel haben. Eigentlich sind die Engel reines Licht, aber welcher Mensch kann damit schon etwas anfangen, wenn es um Bilder geht? Jeder von uns sieht, was er braucht. Die Engel stellen sich für uns immer genauso dar, wie wir das in unserer jeweiligen Situation brauchen.

Gibt es männliche und weibliche Engel?
Eigentlich sind die Engel androgyn, gehören also beiden Geschlechtern gleichzeitig an. Aber es ist wie mit den Bildern von ihrem Aussehen: Menschen brauchen konkrete Vorstellungen. Und da Menschen nun mal als geschlechtliche Wesen leben, haben sie diese Vorstellung auch auf die Engel übertragen.

Dank

Danke an meine Engel, die mich sicher auf die Welt zu meinen feinen lichten Eltern und lichten Geschwistern, in meine Familie führten und ankommen ließen. Danke an meine Familie für diese Lebenskonstellation und Erdenreise. Danke an meinen bestellten himmlischen Traumprinzen und Seelenpartner, welcher mein Leben täglich magisch bereichert. Danke meinen Seelenverabredungen und Helferengeln, Ulrike und dem ganzen Verlag.

Danke, liebe Freunde, für eure lichte Wegbegleitung.

Und vielen Dank an meine positiven und negativen Spiegel, ohne die ich niemals so weit gekommen wäre. Und danke an mich selbst, dass ich mir, dir und allem, was ist, vertraut habe.

Wer mehr über mich und meine Arbeit wissen will, findet Informationen auf den folgenden Websites:

Engel-Kommunikation
www.engel-Erzengel-schutzengel.de

Engel-Heilung
www.bewusste-engelheilung.de